# CONTES INTEMPORELS
## (AMOURS)

Du même auteur:

*La Fleur de peau*, roman, Éditions du Jour 1965.
*Le Cœur sauvage*, roman, Éditions du Jour, 1967.
*Le Corps étranger*, roman, Éditions du Jour, 1973.
*L'herbe et le varech*, roman, Éditions Quinze, 1977.
      (réédition: Québec-Amérique, 1980)
*La Noyante*, roman, Éditions Québec-Amérique, 1980.
*La Femme singulière*, textes dramatiques, Éditions de la Pleine Lune, 1983.

En collaboration:

25 brochures dans la collection *Initiation aux métiers d'art du Québec*, Éditions Formart, 1970-1975.

Éditions d'art:

*J.A. Martin, photographe* (adaptation littéraire du film de Jean Beaudin), Éditions Art Global, 1980.
*Toute cette lumière*, poème, Éditions de la Maison, 1981.
*Lespugue*, poème, Éditions Francine Simonin, 1981.
*Filles*, poème, Éditions Francine Simonin, 1983.

10 *cartes postales*, poèmes, Éditions Aubes 3935, 1982.

En préparation:

*Gargantua, la Sorcière*, poème, UQAM-Noroît, à paraître en septembre 1985.
*La femme de Lespugue*, roman (titre provisoire).

# Hélène Ouvrard

# Contes intemporels
## (Amours)

ÉDITIONS

marcel broquet

Casier postal 310 — La Prairie, Qué., J5R 3Y3 — (514) 659-4819

Copyright Ottawa 1985
Éditions Marcel Broquet Inc.

Dépôt légal: Bibliothèque nationale du Québec
3e trimestre 1985.

ISBN: 2-89000-169-5

À Dominique, ma fille
mes amours,
mes contes

# Introduction

*Le symbole ne livre pas ses données. Il se forme en nous à notre insu et précède toute recherche et toute compréhension intellectuelles. Il procède du sentiment que tout est dans tout, que tout se reproduit sous différentes formes et que le monde est UN. Il procède aussi du sentiment d'appartenir à ce UN et du pouvoir d'emprunter les différentes formes sous lesquelles se manifeste ce UN, puisque l'essence est la même pour toutes.*

*Le symbole précède la compréhension intellectuelle et la contient. Elle en est déductible. L'imagination symbolique possède le don de la métamorphose qui lui permet de s'identifier profondément à un aspect ou à un autre de ce monde auquel nous appartenons et qui est en nous.[1] Elle utilise le symbole comme révélateur: j'aurais ignoré beaucoup d'aspects du monde et de moi-même, et certainement mon indissociabilité par rapport à ce monde si je n'avais eu la faculté de m'identifier à tel ou tel aspect du monde animal, végétal ou minéral, ou aux quatre éléments[2] qui, selon la pensée occidentale, composent l'univers. **Le symbole n'est jamais, dans mon écriture, une convention littéraire,** c'est-à-dire la recherche d'une image formelle, d'une métaphore, mais l'investissement d'une autre réalité — matière première brute — pour en extraire contenu et signification.*

*J'ai commencé à écrire ces Contes vers ma vingtième année (ou un peu avant: le temps aussi était Un, à cette époque de ma vie, et échappait au morcellement qui nous fait séparer les années en tranches bien distinctes). Ce ne sont pas les premières choses que j'ai écrites, mais, d'une certaine manière, ils expriment un commencement. Et aussi une fin, bien que le manuscrit soit peut-être celui d'un texte inachevé. En ligne directe, ils n'ont pas eu de suite: le*

---

1. Voir à ce sujet les ouvrages de Gaston Bachelard sur la symbolique des quatre éléments.

2. Cette composition diffère selon d'autres pensées. Ainsi, certaine pensée chinoise compte cinq éléments, dont le bois, qui représente la force vitale, l'énergie primordiale et régénératrice, et non la passivité que, dans son mépris de la nature, l'Occident attribue au végétal — et le métal. Tous les deux sont très présents dans mes écrits.

premier que j'ai publié, **La Fleur de peau**, s'ouvre sur l'image d'une petite fille qui descend dans la rue, le matin, et, curieuse, regarde le monde. Dès lors, le regard n'est plus le même. Il se détourne des choses premières, de la perception de l'univers comme d'un tout, pour regarder cette chose transitoire (mais si importante pour nous qui la vivons), l'existence humaine. Toujours, cependant, derrière mes romans, se profile la donnée essentielle des **Contes**: la perception d'un monde originel, d'un Tout jusqu'où plongent nos racines, au-delà de notre appartenance à l'espère humaine, et dont nous sommes indissociables.

Dans l'ordre chronologique, **La Méduse et le Chat-Soleil** et **Mérédith** précèdent les deux autres contes et furent écrits à la même époque, bien qu'ils diffèrent grandement l'un de l'autre: le premier est une libre exploration de l'imaginaire, divisée en trois parties que rattachent un lien souple, alors que **Mérédith**, comme les deux autres contes du recueil, est d'une construction rigoureuse. **La Maîtresse de l'île** découle d'un poème drama-tique intitulé **La Tête couverte d'algues**, écrit dans l'île Bonaventure au début des années soixante (ou avant). **Bellissima** est la reprise d'un texte ébauché à la même époque que les deux premiers contes, mais que j'ai réécrit de mémoire en lui adjoignant de nouveaux éléments à une époque ultérieure. Deux autres textes ont en outre fait partie du manuscrit: d'abord un conte oscillant entre le rêve et la réalité, d'où est finalement sorti mon deuxième roman, **Le Cœur sauvage**, et que je n'ai pas gardé en tant que conte, et un poème dramatique exposant la fin du monde d'où émanaient ces contes, le moment où la **fée**, c'est-à-dire l'être féminin vivant en harmonie avec le monde terrestre et ayant pouvoir sur lui, est dépossédée de la terre et devient la **sorcière**. Écrit en 1968, ou au début de 1969, ce poème apposait au recueil une fin dramatique que je n'ai pas conservée comme telle, préférant l'image de la renaissance sur laquelle se termine **Bellissima**.[3]

C'est principalement en 1969-70, grâce à la première bourse que m'a accordée le Conseil des Arts, et avant d'entreprendre **Le Corps étranger**, que j'ai retravaillé ces **Contes** et leur ai donné leur forme à peu près définitive. Ils m'ont donc accompagnée, c'est-à-dire qu'ils ont fait partie de moi pendant quelque vingt-cinq ans. Aucun de mes romans n'aurait pu rester vivant en moi

---

3. Ce poème sera publié prochainement sous forme d'édition d'art.

pendant une aussi longue période. Si les **Contes** l'ont fait, c'est précisément qu'ils étaient «intemporels», c'est-à-dire échappaient à l'emprisonnement d'un moment de vie pour rejoindre une couche sous-jacente où j'éprouvais le désir de me replonger parce que j'y retrouvais les racines de ma pensée, de mon être, de ma relation au monde. C'est le privilège de la poésie. (Car c'est bien ce que sont ces **Contes**.) Revenir aux **Contes intemporels**, c'était comme retrouver une source vive, prendre un bain de jouvence, plonger dans un monde où opérait la régénération. Ils me laissent aujourd'hui le sentiment d'appartenir à une époque où la vie terrestre était moins meurtrie, moins diminuée qu'elle ne l'est présentement, en ces années de pollution, de menace atomique, d'exploitation à outrance des ressources humaines et planétaires, qui nous confrontent un peu plus, chaque jour, à l'éventualité de la destruction de la vie sur terre.

Bien des lectures de ces textes sont possibles. Beaucoup de lecteurs, sans doute, y verront simplement de poétiques histoires. Et tant mieux s'ils se laissent lire agréablement à ce niveau. En moi aussi le symbole, bien que jailli spontanément, a mis beaucoup de temps à se frayer un chemin, et c'est peut-être, précisément, cette opacité d'une signification qui se laisse chercher et nous amène progressivement à sa compréhension, qui fait qu'un texte nous habite, nous nourrit, qu'on soit auteur ou lecteur. D'autres chercheront à établir des relations, et en trouveront sans doute, entre ces **Contes** et le contexte religieux du Québec de mon enfance, une pensée féministe ou mes autres œuvres. Et il est vrai que certaines formes proviennent d'un monde religieux jadis omniprésent: la procession du Chat-Soleil, les âmes-fleurs, l'atmosphère maladive des couvents où l'on condamnait la vie de l'intelligence et des sens au nom de la «Vraie Vie» la quête mystique de Mérédith, à la recherche de la lumière au sein de la terre comme en elle-même, comme aussi la présence constante d'un monde «invisible» et d'une préoccupation morale. Mais ces formes sont investies d'une autre signification (de même que le symbole du Chat solaire s'était substitué, jadis, pour la petite païenne adoratrice de la nature que j'étais, au symbole chrétien flamboyant sur les bannières de la procession), elles véhiculent une autre religion. C'est-à-dire une conception du monde dont, au fil de mes lectures et de mes voyages, j'ai retrouvé beaucoup d'éléments disséminés dans la pensée d'autres civilisations, par exemple celle des peuples celtiques dont je me suis imprégnée durant mes séjours en Bretagne, pour qui l'interpénétrabilité du monde matériel et du monde immatériel, du monde des vivants et de

9

celui des «âmes», était une réalité,[4] ou, plus récemment, la pensée chinoise dont le symbole bien connu du Yin et du Yang exprime, entre autres, l'idée que tout est dans tout. Comme si ce que je croyais appartenir à une mythologie personnelle était, en réalité, dans un certain nombre de ses éléments, la résurgence, sous la forme symbolique, d'une autre religion (conception du monde), celle-là plus proche du monde naturel, d'une religion primordiale, innée, peut-être matriarcale, toujours présente sous les rites des religions imposées.

D'un autre point de vue, certains personnages se détachent dans une perspective féministe (même si la théorie féministe n'était pas formulée à l'époque où ils furent écrits, ni même en grande partie élaborée). Cette jeune Fiorenza de seize ans que sa solaire chevelure, symbole à la fois d'intelligence et de sensualité, fait rejeter hors de la «Vraie Vie», ne connaît-elle pas le sort de générations de femmes qui sont devenues, en raison de la condamnation de leur intelligence et de leur sensualité, les damnées de la société patriarcale? Cette souveraine Mérédith, qui vit «dans le mépris des conventions des hommes et dans la quête d'une éternité qui leur est refusée», qui s'est donné ses propres dieux et refuse de déifier l'homme, appose un défi insensé à l'ordre patriarcal, ce que fait aussi, à l'autre bout, la naïve Méduse, qui est à demi végétale, porte son âme à l'extérieur de son corps (ô scandale!) et qui, bien que n'occupant qu'un rang inférieur dans la hiérarchie des créatures, ose défier le Vent, maître fantasque et imprévisible de l'univers, dans lequel on pourra reconnaître la volonté d'un dieu mâle qui dicte le destin humain (et, en particulier celui des «âmes», partie féminine de l'être humain...). Que ces personnages soient «souffrants» n'a rien pour surprendre: dans un monde patriarcal omniprésent, ils **incarnent** un autre ordre, en lui-même subversif.

Le thème de l'appartenance disputée à l'eau et à la terre, qui revient à maintes reprises tout au long des **Contes**, me semble avoir précédé une recherche et une expérience fondamentale que je devais faire par la suite et dans ma vie et dans mes romans. Mieux encore, l'avoir exprimée dans sa globalité, alors que, jusqu'à ces dernières années, j'ignorais encore, au niveau conscient, qu'au-delà de la fascination de l'eau se trouverait pour moi le retour à la terre. Mais la question essentielle était déjà posée dans **La Maîtresse de l'île**: «Es-

---

4. Voir les textes de La Femme singulière.

tu enfant de terre ou de mer?» chuchotent les voix à l'enfant de l'île. (**Île**: «Terre sans racines!» comme le crie dans sa terreur l'admirable Médée de Pasolini. Enfin, surtout, il y eut cette phrase qui s'imposa avec force dès la première version de ce conte (**Mérédith**): «Ta mère était donc la terre». Phrase qui resta inamovible malgré tous mes efforts pour la supprimer, car je ne croyais pas, je ne **voulais** pas que la terre fût ma mère, moi qui n'étais fascinée que par l'eau, le monde des reflets et de l'ailleurs, jusqu'à ce que ma recherche de la femme m'eût menée, vingt ans après, en Dordogne, dans les grottes ornées de la préhistoire, où je dus reconnaître que, oui, historiquement et biologiquement, la terre était ma mère, notre Mère à tous, et, par conséquent, l'élément essentiel.

Ces **Contes** m'ont donc énormément appris sur moi-même. Ils m'ont précédée et guidée dans ma recherche intellectuelle, à mesure que je cherchais à élucider leurs messages, aussi purs et précis que ceux des rêves, puisqu'ils étaient du rêve éveillé. Maintenant qu'ils m'ont livré leur message, je peux les offrir à d'autres, auprès de qui ils joueront peut-être le même rôle, afin que ces lecteurs puissent à leur tour, s'ils le désirent, comme Mérédith, «dans la dense Forêt des Ténèbres (…) errer, en proie à de profondes rêveries», et peut-être y découvrir «d'étranges fleurs de l'entre-monde».

\* \* \*

Si la question de la publication de ces **Contes intemporels** s'est posée à quelques reprises au cours de leur longue période d'incubation, ce long délai avant qu'elle se réalise a eu l'avantage de permettre à ces textes d'avoir une carrière très fructueuse dans un autre domaine puisqu'ils ont donné lieu à pas moins de sept réalisations à Radio-Canada et à la Radio suisse romande. La beauté de ces réalisations, l'intérêt que les réalisateurs et comédiennes ont pris à ces contes et dans certains cas m'ont communiqué, certains commentaires de la part des auditeurs, valaient, sous bien des aspects, les joies moins éphémères de la publication, et j'en suis reconnaissante à toutes ces personnes. Toutefois, puisque j'en suis maintenant à cette étape, je remercie M. Marcel Broquet, qui inaugure avec cet ouvrage une nouvelle collection, ainsi que Gérard Tremblay, qui a bien voulu illustrer la couverture de ce volume, de même que le

Conseil des Arts du Canada pour son soutien financier en 1969, et tous les parents, collègues et amis qui, au fil des ans, ont été les lecteurs « choisis » de ces textes.

Réalisation et diffusion des *Contes intemporels* à la radio.

À Radio-Canada:
1977   *Retour des planètes (La Maîtresse de l'île)*
        Émission: «L'Atelier des inédits»
        Lectrice: Dyne Mousso
        Réal.: Gilbert Picard

1978   *Le Chat-Soleil* (1ère partie de *La Méduse et le Chat-Soleil*)
        Émission: «L'Atelier des inédits»
        Lectrice: Dyne Mousso
        Réal.: Raymond Fafard

1979   *La Méduse* (2e partie de *La Méduse et le Chat-Soleil*)
        Émission: «L'Atelier des inédits»
        Lectrice: Andrée Lachapelle
        Réal.: Raymond Fafard

1981   *Bellisima*
        Émission: «Alternances»
        Lectrice: Louise Marleau
        Réal.: Raymond Fafard

À la Radio suisse romande:
1983   *La Maîtresse de l'Île*
        Émission: «Petit Théâtre de nuit»
        Interprètes: Rachel Cathoud et
                        Isabelle Villars
        Réal.: Jean Chollet

        *Mérédith*
        Émission: «Petit Théâtre de nuit»
        Interprètes: Catherine Egger et
                        Michel Grobéthy
        Réal.: Jean Chollet
        (Rediffusée à Radio-Canada, à l'émission: «La Feuillaison», le
        18 octobre 1983)

*Bellissima*
Émission: «Petit Théâtre de nuit»
Interprètes: Mercedes Brawand et
            Nicole Dié
Réal.: Jean Chollet

# Table des matières

La Méduse et le Chat-Soleil ............................... 17

    1. Le Chat-Soleil .................................... 19
    2. La Méduse ....................................... 29
    3. Genhi ........................................... 43

La Maîtresse de l'île ....................................... 59

Mérédith .................................................. 73

Bellissima ................................................ 91

# La Méduse
## et
# le Chat-Soleil

# 1. Le Chat-Soleil

Une Âme vint vers moi, une nuit, et me demanda si le Vent se levait. Je lui répondis que la lumière de la Lune la trahissait car je voyais à travers elle une étrange Fleur mauve. Ma clairvoyance la jeta dans une confusion extrême. Elle m'avoua n'être, en effet, qu'une simple Fleur. L'Âme, qui flottait à la façon d'une Méduse perdue dans les Champs du Vent où elle-même croissait captive, l'avait revêtue et enlevée. C'est ainsi qu'avait commencé son aventureuse existence, cette nuit-là même.

J'étais, me dit-elle, le premier être qu'elle rencontrât. Elle me demanda comment je souhaitais l'appeler. Tout son corps ondulait comme si elle baignait dans des eaux mollement agitées. Ses longs cheveux languides flottaient au-dessus de sa tête. Elle était humide et parfumée comme une nouvelle-née et la Fleur respirait en elle à contretemps de l'Âme. Leur union fracassante (qui devait bouleverser tant de choses dans l'ordre de l'univers) était chose si récente qu'elles n'avaient pas eu le temps de s'habituer l'une à l'autre. Je cherchai un nom qui traduirait le caractère enchanté et maudit tout à la fois de sa fluide beauté. Aucun ne lui convenait mieux que celui qu'elle avait elle-même employé. «Méduse», répondis-je. Sans doute était-ce celui qu'elle souhaitait car elle acquiesça d'un timide sourire. Et ce nom scella son destin, et l'Âme à la Fleur.

Elle tremblait maintenant d'une peur affreuse que le Vent ne reconnût la Fleur à travers l'Âme qui la lui avait dérobée, et ne vînt à l'en séparer. Il était fort à craindre, j'en convins, que même le Vent, qui est toujours pressé, n'eût cette clairvoyance.

Dans notre ville, il n'est pas rare que des Âmes humaines endossent le corps des animaux. L'on sait des jeunes filles, en proie aux affres du désir, qui se roulent dans les ruelles: elles miaulent et appellent le mâle qui satisfait sous la forme féline des besoins que leur condition ne leur permettrait pas d'assouvir autrement sans disgrâce. Dans certains Cafés, on peut, si on veut, disputer une partie d'échecs ou de dames avec une Âme bovine ou chevaline et les chiens errants sont à notre cité ce que sont aux autres les vagabonds loqueteux en quête d'absolu. Le pelage de ces animaux garantit à leurs hôtes l'anonymat s'ils le désirent et seuls de rares indices révèlent parfois, à l'improviste, l'existence d'une Âme sous une forme animale. Les yeux qui échappent un éclat de lumière. La démarche, folle et paresseuse si l'Âme s'est dérobée à sa conscience humaine, secrète et bondissante si, au contraire, elle a choisi cet habitat afin de réfléchir aux problèmes de sa destinée. Bref, des spectacles, peu communs ailleurs, sont chez nous monnaie courante et les bêtes ont ici leurs rites et leur liturgie dont se gardent bien de se mêler les humains.

Mais une Fleur mauve recouverte d'une Âme translucide, cela s'écartait par trop des normes que la pudeur décrétait, même dans notre ville. L'on ne doit pas montrer son Âme, c'est une loi qui prévaut dans toutes les civilisations. Chez nous, comme partout ailleurs, les hommes sont cruels sans raison. Rien n'excite davantage leur méchanceté que la vue d'un être beau, vulnérable et inoffensif, et la colère légitime du Vent n'était pas le seul danger qu'eût à craindre la Méduse. Je lui offris ma protection bien que mes pouvoirs, lui dis-je, fussent présentement en période d'éclipse. Je me présentai à elle comme un être hybride, appartenant à la fois au monde des Esprits et à celui des Humains.

Comme nous finissions ces mots, nous nous trouvâmes devant un Chat à taille humaine qui nous barrait le chemin, assis au milieu de la chaussée. Dès qu'il nous aperçut, il se leva. Ma compagne pâlit et s'appuya sur moi. «Voilà, dit-elle, Celui qui est né pour dominer le monde des Esprits.» Je frissonnai à la vue de la luminosité et de la somptuosité de sa fourrure. «Suivons-le», dis-je. Mais déjà il avait pris les devants et nous entraînait dans le sillage de sa démarche souple et majestueuse.

Les dieux, comme les hommes, vivent la nuit d'une autre vie et ne restent point dans leurs tabernacles obscurs. Ils vont, par les rues où habitent les Humaines, appeler les élues parmi lesquelles ils choisissent leurs Épouses. De temps à autre, Chat se retournait et posait sur moi le regard surnaturel de ses prunelles d'or. C'est ainsi, dit-on, qu'ils procèdent. La pleine Lune montait dans le ciel. «On les prend toujours pour des dieux, ceux qui nous aiment, me lança-t-elle du plus loin que je pusse l'entendre. Mais sait-on ce qu'ils ont dans le cœur? Ce qu'ils nous laissent dans le ventre?» Et s'élevant, elle transforma la ville en un gigantesque damier. Mais le Chat solaire, invisible à la clarté, lumineux dans

20

l'obscurité, apparaissait et disparaissait comme en se jouant des pièges de la Lune au fil des plaques d'ombre et de lumière.

Nous déambulions par des venelles étroites, désertes comme des corridors. Bientôt, quelques Âmes à forme féline commencèrent à se mêler à nous. Puis d'autres sortirent des hangars, des soupiraux, des arbres creux, des lucarnes, des échoppes, des remises, des taudis, des lits, des fenêtres, des garde-manger, des vitrines, des égouts, des rues voisines. Une multitude nous frôla d'où s'éleva un murmure grandissant:

— Salut à toi, Chat-Soleil!

— Le Soleil soit avec toi, Grand Chat!

— Sois le bienvenu parmi nous, Chat-Soleil!

— Par Minou! Par Minou! riaient les enfants qui s'étaient éveillés et qui battaient des mains, le nez collé aux fenêtres.

On sortit dais et flambeaux. La foule des sujets forma une longue et lente procession qui serpenta à travers les rues sinueuses de la ville comme dans un labyrinthe, emprunta le dédale des ruelles que pavoisaient d'argent d'invisibles araignées lunaires, puis s'avança jusque dans les terrains vagues qui s'étendaient mollement sous la clarté de Lune, sitôt passée la dernière maison. C'était là le domaine inviolable des Êtres de la Nuit d'où nul Humain ne s'approchait quand Soleil était couché. Cette nuit-là, tous les malheureux que comptait notre ville s'y étaient donné rendez-vous. Ils avaient revêtu eux aussi la forme féline qui est, entre toutes, celle qui convient le mieux aux Esprits de la Guerre. Chats borgnes, éclopés, sans queue, faméliques, ébouillantés, affamés, torturés, ils formaient, des misères de ce monde, un vivant tableau dont la vue souda en un seul corps horrifié la foule des fidèles bien pansus de Chat. Jamais spectacle plus effrayant ne fut donné à voir, même à des Esprits, et le frisson de terreur qui secoua les premiers rangs de la procession solaire fit refluer jusque dans les venelles les derniers anneaux de cet étrange serpent à poil.

Cependant, cette troupe nauséabonde était disposée en bataillons dont chacun avait pour commandant un vétéran des plus atroces guerres de Crimée de nos ruelles. Elle avait élu un jeune chef d'une éclatante beauté qui portait bien haut l'unique couleur de Lune. Dès qu'il apparut, porté sur le pavois par ses guerriers d'élite, babines retroussées sur leurs crocs effilés, la panique gagna notre camp. Une Âme aussi blanche, entendis-je courir entre les rangs, ne pouvait être que celle, invincible, d'un enfant pas encore né, et les nôtres eussent déguerpi en pagaille si Chat-Soleil n'eût déployé immédiatement devant eux, pour amoindrir l'éclat de cette vue et leur insuffler le courage guerrier, son propre bouclier de feu.

Chat-Lune* lança le premier hurlement de provocation. Son adversaire entonna un répons. Ils modulèrent ainsi une partie de la nuit, fort bellement. Leur silence fut le signal du combat. Dieu! Quelles sortes d'Âmes habitaient ces bêtes fantômes! Depuis le combat des Anges et des Démons, on n'avait rien vu de tel.

À l'écart de la mêlée, je veillais tendrement sur ma compagne. Le souffle de son Âme s'était enfin accordé à celui de la Fleur pour ne former plus qu'une seule haleine parfumée. Qu'elle était belle! Que je l'aurais aimée! Hélas! Son corps avait pris la blancheur opaline des Êtres de la Nuit alors qu'Esprit enfermé dans la gangue des Ténèbres, je sentais s'éveiller en moi un feu trop longtemps contenu. Nos mondes, compris-je, allaient être séparés comme peut-être allait se fractionner en cette nuit l'harmonie universelle au sein de laquelle nous nous étions rencontrées.

Peu avant l'aube, en effet, alors que la clameur des combattants diminuait avec leur nombre, une sorte d'ange à fortes moustaches ravit la Méduse et l'emporta dans le ciel que se disputaient les deux Lumières. Des mondes opposés se refermaient sur chacune de nous. Nous ne devions plus nous revoir.

\* \* \*

J'étais dans une grande chambre circulaire, tapissée de fourrures. Les serviteurs qui avaient provoqué mon retour à la conscience s'allongèrent comme des ombres et disparurent, absorbés par les murs de

---

\* C'est pour simplifier que nous donnions ces patronymes aux chefs des deux armées ainsi constituées. Leurs noms véritables étaient des poèmes épiques de plusieurs centaines de vers rendant hommage aux forces qu'ils incarnaient.

l'étrange demeure. D'antiques clefs de fer et d'or, des éclats de miroir et des cristaux sortirent tout aussi mystérieusement de l'ombre et me dardèrent de leurs rayons. Peu à peu, je quittais le monde de la Nuit où, Esprit, j'avais erré si longtemps. Vainqueur comme le jour qui triomphait de la nuit, là-bas, chez les Humains, Chat emplissait la chambre de sa présence, déployait en sourdine les rayons qui traversaient sa fourrure.

Un ancien bonheur m'envahit, qu'en ma qualité d'Esprit je ne croyais plus pouvoir connaître. Tout me rappelait le «mal» étrange (c'est de ce nom que les médecins affublent certaines joies) qui me consuma maintes fois dans ma jeunesse, au temps de ma vie humaine.

Mes «crises» atteignaient leur apogée au moment des plus torrides journées de l'été. Les attirant alors comme l'aimant, je me parais de tous les morceaux de métal qui se trouvaient dans la maison, d'antiques clefs de fer et d'or, marquées au chiffre solaire. Les préparatifs avaient lieu dans l'antre le plus obscur de ma chambre. Lorsque je m'avançais, ainsi parée, dans la partie lumineuse qui était le centre de la pièce, j'attirais les regards de Soleil, qui m'embrasaient aussitôt. Alors, je tombais et, la fraîcheur venue, la chaleur que j'avais dérobée au prix de tant de risques au Roi des Cieux continuait pour moi seule d'irradier de mon corps. Jeune encore, mon désir fut ancien et j'acquis une certaine accoutumance des rayons. Des éclats de miroir et de cristal remplacèrent alors parmi mes artifices les clefs de métal. Si lointain que fût Soleil, j'interceptais sa lumière et je tournais, je tournais dans des champs de pierres grises jusqu'à ce qu'attirât sur moi ses regards le reflet de son propre éclat — car les puissants des Cieux, comme ceux de la terre, n'accordent leurs faveurs qu'à ceux qui leur renvoient l'image de leur propre gloire. Alors, je tombais, dardée de rayons.

Femme, enfin, je m'assagis jusqu'au jour où, sollicitée à mon tour par une chaleur tenace, par l'éclat d'une lumière semblable à du métal fondu, je dénouai ma chevelure flamboyante et, vêtue de cette seule parure, quittai mes retranchements d'ombre. Je me mis à danser sur la terrasse éblouissante. Je dansai, je dansai tant que je sentis les lèvres du Soleil fou courir sur moi, et je sus qu'il était amoureux de moi tout autant que je l'étais de lui. Mais la nuit tomba d'où je ne devais plus revenir pour voir l'astre se lever sur la terre. Car Soleil ne doit pas se laisser séduire par ses créatures et celles-ci ne doivent pas chercher à accaparer pour elles seules la chaleur et la lumière qu'il doit déverser à chacun sur cette terre également. Et c'est pourquoi, depuis lors, Esprit enfoui dans la gangue de la Nuit, j'ai vécu, hors des rayons de Soleil que j'ai convoités et hors du monde des Humains.

Chat posa sur mon ventre, rendu brûlant par sa présence et par les souvenirs qu'elle faisait refluer dans mon sang, ses paumes fraîches. Ses yeux me fixaient avec l'indépendance et l'affection qui sont le propre de la race dont il avait emprunté la forme. Un bourdonnement intense, semblable à celui des abeilles quand Soleil embrase le monde et l'inonde de ses rayons, emplit la chambre. Qu'était-il donc sinon Soleil incarné, lui dont le pelage se consumait en ondes de chaleur autant que de lumière? Dans un souffle brûlant, je me remémorai les invocations que j'adressai jadis, entourée du silence d'une austère demeure, à Celui que recouvrait sa présence:

> «Chatte bleue!
> Monstre qui sait tout!
> Monstre qui voit tout!
> Amant sans pareil!
> Époux aux mille Épouses, toutes uniques!»

À mesure que je déclinais la litanie solaire, la fourrure de la divine bête se gonflait de tendresse et de volupté.

> «Soleil de cire, viens en moi!
> Maître des Ténèbres, entre en moi!
> Seigneur des Grands Empires, habite en moi!»

Une curieuse déformation arrondit les murs et la haute voûte où se résorbèrent avec lenteur les luxueux objets d'or, de fer et de cristal. Telle une boule de feu, la Sphère commença à tourner sur elle-même dans un grand déploiement de lumière. Chat avait recouvré pour nos amours sa forme première.

* * *

Ceci, cette présence constante et éblouissante du Chat-Soleil à mes côtés, dura tout «l'été» ainsi que l'on dit chez les Humains. Chaque soir, Soleil m'enlevait et la chambre de feu de nos amours basculait autour de la terre, réchauffant les peuples des Antipodes qui nous en étaient reconnaissants. Jamais si bel été ne combla les vœux des hommes. Et les jours de pluie, tandis que chacun croyait Soleil maussade derrière les nuées, nous jouions tous les deux dans l'espace infini. Nos courses folles nous éloignaient parfois tellement de Terre que de nouvelles époques glaciaires s'y seraient abattues si, aussitôt, je ne m'étais mise à danser, embrasant l'astre solaire qui faisait retomber sur les hommes une pluie de rayons bienfaisants.

Je sus pourtant que la dernière nuit de nos amours allait arriver car Terre avait franchi le solstice et, à mesure qu'elle poursuivait l'ellipse immuable de sa course, me privait chaque jour davantage de la présence de mon bien-aimé.

Cette nuit-là, une fébrile activité régna parmi les Humains.

— Sots! invectivaient les uns.

— Hommes sans foi! rétorquaient les autres.

Mais tous, incrédules ou croyants, s'étaient rassemblés dans les rues où brillait la Lune rousse.

La fourrure de Chat n'était plus qu'une myriade d'étincelles. Quant à moi, je dansais, tenant un arceau de langues de Feu. De dépit, les observateurs des Antipodes annoncèrent qu'un inconcevable malheur se préparait sur le versant opposé de la planète.

Enfin, nous parûmes sur la ligne d'horizon.

— Les voilà! Les voilà! crièrent les hommes à la foi profonde que les Humains avaient envoyés en éclaireurs parce que leurs yeux voient plus loin que ceux des autres dans les ténèbres de la nuit. Et ils se jetèrent face contre terre.

— Les voici! Les voici! Voici le Chat-Soleil et la Femme de Flamme! crièrent à perdre haleine les plus curieux qui avaient pris les devants pour nous annoncer aux autres.

— Miracle! Miracle! Ils ne viennent qu'une fois tous les mille ans et c'est nous qui les voyons! cria alors la multitude de ceux qui nous virent.

— Hérétiques! lancèrent ceux qui ne voyaient rien mais auraient bien voulu voir.

Dans les coins, dans les entrées, dans les cours, quelques bagarres éclatèrent entre visionnaires et dissidents. Mais l'excitation due à notre présence, qu'on la vît ou non, était trop grande pour que ces combats singuliers pussent dégénérer en mêlée générale.

— Nous les voyons! Nous les voyons! répétaient les uns en s'embrassant et en riant.

— Ils ne viennent qu'une fois tous les mille ans et nous les avons vus! s'écriaient les autres en pleurant.

Le long de la grand-rue, les notables de la ville glissèrent leurs manteaux sous nos pas. Puis, s'étant aperçus que notre feu ne faisait point souffrir, ils se mirent à rire comme des enfants. Les éclopés qui osèrent nous toucher jetèrent leur béquille par-dessus les toits. Toutes les maladies qui pouvaient être guéries par le feu le furent. Les femmes nous tendirent leurs petits malades, les hommes nous amenèrent leurs bestiaux. Les épouses stériles traînèrent leur ventre sur la trace de nos pas. À genoux, elles pleuraient de joie, croyant déjà sentir en lui la fécondité que promettait notre venue sur terre.

Une mendiante, pour qui la flamme avait couleur d'or, se saisit d'une bluette, n'osant en dérober plus, et l'emporta dans sa misérable cahute qui en fut tout illuminée. À cette vue, tous se ruèrent. Nous leur jetâmes des étincelles à profusion, heureux du bonheur partout répandu. Les mal-aimés cachèrent leur feu dans leur sein pour le cajoler en secret, les pauvres l'enterrèrent dans leur jardin pour le plaisir de posséder un trésor. Les enfants coururent vite remplacer par cette flamme pleine de magie celle qui éclairait leurs tristes demeures. Et je crus même voir le bedeau franchir en catimini le seuil vénéré du lieu du culte, une lueur païenne sous sa blouse.

Les incrédules durent s'avouer vaincus et reculèrent devant l'avance de la flamme merveilleuse qui s'allumait partout: dans les yeux, dans les escarcelles, dans les lits, dans les muscles, dans les cœurs, dans les soupières... Les plus endurcis rentrèrent chez eux et fermèrent leur porte à double tour, maugréant que l'or du diable se changeait en crottin de bouc à la première lueur du jour. Mais personne ne les écouta car si le propre du miracle est de ne pas être évident pour tous, celui des miraculés est de n'entendre plus raison.

Enfin, les Humains qui, dans leur joie, ne se contenaient plus, sortirent des barriques de vin. Le passage de Soleil avait décuplé la virilité des uns tandis que les unes brûlaient d'éprouver la fécondité de leur ventre. Heureuse et rare coïncidence! Mais tel n'était pas le sens que devaient prendre les événements de cette nuit unique entre toutes. Et un grand étalon, venu de nulle part, qui se mit à caracoler au milieu de la place, invita hommes et bêtes à exécuter de concert les rites de l'amour. Ainsi les bêtes éprouvèrent-elles avec délice les tortures des amours humaines et les hommes connurent-ils avec délectation la simplicité des amours de bêtes.

Quant aux vieillards des deux espèces, moins aptes à profiter de cette liturgie nouvelle, ils discutèrent doctement toute la nuit, en échangeant des pipées, de la tournure que prendrait l'orgie. Aux aïeuls à barbe qui prédisaient que la fête se terminerait dans la boue et le sang, un grand-père à poil soutenait avec feu que la sagesse des bêtes influerait favorablement sur la folie des maîtres. Ce noble chien, habituellement promu aux coups de pieds, avait échappé par miracle à la pierre au cou qui, dans ce village, comme dans d'autres, mettait fin aux vies les plus fidèles. Les premières lueurs de l'aube lui donnèrent partiellement raison: elles trouvèrent chaque homme ronflant dans son lit, chaque bête rêvant sur sa litière, le bedeau à ses cloches mais le polémiste dans la rivière.

$$* \ * \ *$$

Bien avant l'aube, nous arrivâmes au terrain vague où les fidèles de Chat avaient arraché la victoire aux armées lunaires lors du sanglant combat de la première nuit. Mille paires d'yeux nous attendaient et l'on aurait dit des étoiles accouplées. Les adieux que fit le Chat solaire à ses sujets assemblés furent brefs et stoïques. Il ne restait en lui presque rien de ce qui l'avait rattaché, pour un temps, à la vie terrestre. Les ondes qui émanaient de son pelage emplissaient le ciel et ses yeux flamboyaient. Seules ses griffes, profondément enfoncées dans le sol, le retenaient parmi nous. L'été n'avait pas suffi à épuiser ses réserves d'amour. Il me regarda avec une incommensurable tendresse et, plein de noblesse, me souhaita force et courage pour accomplir la grande tâche qui serait mienne après son départ:

— Tu seras la mère, m'annonça-t-il, de tout ce qui verra le jour la saison prochaine.

«Les femmes se méprennent toujours sur les intentions des hommes», commenta Lune en glissant sur un soupir vers d'autres mondes.

Déjà, je sentais que je m'enfonçais sous la terre pour y pousser et germer. «Bientôt, pensais-je, Lune et les autres planètes seront mes sœurs. Mon ventre aura la courbe de la Terre à qui, de jour en jour, je ressemblerai davantage. De mes jambes ouvertes s'écouleront le blé, le riz et le millet, les enfants et les bêtes, les rivières et les montagnes, mille vies nouvelles qui, déjà, germent en moi.»

Le souffle de mon bien-aimé était devenu inégal. Sa voix n'était plus que sons rauques. J'entendis à peine ses dernières paroles qui me recommandaient le succès de ma tâche, but ultime de sa venue sur terre et m'assuraient encore une fois de son amour éternel. Mais qu'en avais-je besoin?... Le feu qui le dévorait grondait à l'intérieur de sa gorge et il essayait de l'aider à quitter ce qui n'était plus, déjà, qu'une dépouille à demi consumée quand, soudain, il se révulsa et poussa un grand cri très pur. Et je vis resplendir au milieu de la nuit le visage humain et divin de Soleil tandis que Chat se résorbait dans la lumière de l'été qui l'avait engendré.

## 2. La Méduse

Quand il vit que la défaite serait son lot, le jeune chef des armées lunaires, qui avait fait ravir à Soleil la Méduse, s'arrangea pour lui ménager une fuite sans danger.

— Le sort nous sépare, douce amie, dit-il, mais tu peux encore faire un vœu que je ne quitte Terre, qui serait maudite sans toi.

La Méduse joignit ses doigts translucides car jamais, oh! jamais, elle n'avait été si tendrement émue par la présence de quelqu'un:

— Puisque tu dois partir, dit-elle en frissonnant d'une voix mélodieuse, je souhaite que tu reviennes... que tu vainques mon Seigneur, le Vent, qui est grand et terrible, et que tu m'emportes avec toi dans un autre monde...

C'était là un vœu énorme, difficilement réalisable par un seul être, mais la Méduse avait vu à la mesure de son amour. Un court instant, ils se contemplèrent à travers l'eau semblable de leurs yeux et ils surent que toujours, quelle que fût la forme qu'ils revêtiraient dans leurs vies futures, ils se reconnaîtraient l'un l'autre.

Les couteaux de bouchers et les hachoirs à tabac dérobés aux Humains tombaient des mains des malheureux guerriers et s'amoncelaient aux pieds de Chat-Lune. Les rangs étaient décimés, la défaite, chose certaine. Un des derniers survivants s'empara de la Méduse et l'emporta promptement au-dessus des cadavres affreusement déchiquetés qui jonchaient le terrain vague. Il était temps: de grands cris délirants, échappés de la poitrine des guerriers de Chat-Soleil couvraient les gémissements de douleur de ceux «à qui la mort, comme l'on dit chez les Humains, n'avait pas épargné la honte d'être vaincus».

\* \* \*

L'aube qui se leva sur Terre, ce matin-là, avait le visage éploré des femmes qui se hâtaient dans le champ entre les cadavres mutilés. Plus d'une épouse, ce matin-là, n'avait pas trouvé à ses côtés son époux, plus d'une fille avait cherché en vain son père, plus d'une mère son fils. Et elles avaient compris, devant l'ampleur des désertions, qu'un règlement de comptes avait eu lieu entre les puissances supérieures, et que leurs hommes, comme toujours, en avaient fait les frais. Maintenant, elles cherchaient, parmi les débris qu'elles avaient peine à identifier, les morceaux de leurs fils, de leurs amants, de leurs époux, de leurs pères. Elles essayaient de faire vite car le Vent, qui était lui aussi au travail, emportait les Âmes à pleins nuages.

Arumel, la paysanne, courait sur ses vieilles jambes devant le brancard où reposait le corps de son aîné, blanc comme l'astre de la nuit. Pour son propre malheur, elle savait, depuis longtemps déjà, que cet enfant de sa jeunesse était devenu le plus vaillant guerrier des armées lunaires. Ne l'appelait-on pas, dans cette autre vie de l'au-delà dont, avec entêtement, elle perçait un à un les secrets, l'«Ange Jhamal»? Maintenant, son corps était criblé de tant de trous que le sang s'était presque tout échappé et Arumel savait que, sitôt passée la dernière goutte, l'Âme blanche se presserait aux mêmes ouvertures. Les Âmes sont ainsi. Elles se vendraient pour posséder un corps mais n'ont rien de plus urgent à faire que de quitter à la moindre défaillance celui qui leur a donné asile et nourriture.

Arumel courait. On la disait sorcière. Il est vrai que bien souvent elle avait, par de savantes décoctions, rendu la vie aux moribonds que le Vent attendait à la porte de sa chaumière en mugissant d'impatience. Elle savait que le Vent, aujourd'hui, ne lui pardonnerait pas le moindre retard pour son fils. Mais Arumel dut s'arrêter et frotter son ventre douloureux. Le nouvel enfant qu'elle avait conçu dans sa vieillesse s'était agité toute la nuit, la faisant horriblement souffrir. Elle avait compris, mère impuissante et désespérée, que les Âmes avaient entraîné aux côtés de son aîné, dans le sanglant combat de la nuit, cet enfant pas encore né. Arumel, qui avait lutté contre les Âmes toute sa vie, montra le poing au ciel au moment où, forcée de s'arrêter, elle ressentit les premières douleurs de l'enfantement. C'est alors que le Vent, en ricanant, rafla l'Âme de l'Ange Jhamal et l'emporta à son château pour y être jugée et, selon le verdict, remise à la Vie ou à la Mort.

\* \* \*

Juste avant le lever du jour qui devait célébrer la victoire de l'astre solaire, la Méduse, à bout de forces et le cœur déchiré, trouva refuge dans un puits, non loin de notre ville.

Le hameau qu'il desservait appartenait à une époque reculée. Les habitants y étaient superstitieux et d'une morale austère et l'on n'y tolérait guère que les Âmes revêtissent le corps des bêtes. Toutefois, dans le Temps comme dans l'Espace, ce village se trouvait sur le chemin de notre ville. Les Âmes qui se dirigeaient vers elle (car l'accueil qu'elles recevaient chez nous avait répandu notre réputation jusqu'aux Antipodes) ne pouvaient manquer de s'y arrêter. Souvent, elles avaient fait le tour du monde en quête d'un corps et leur pèlerinage harassant avait pris, avec le temps, des proportions historiques. Impatientes de posséder un hôte et si près du but, elles se heurtaient alors aux avis partout placardés en lettres énormes:

AVIS

Hameau de...
Population:
576
Âmes et Corps
Les Corps sans Âme
et
Les Âmes sans Corps
ne sont pas les Bienvenus
ICI

AVIS

Ferme de...
Population:
12
Bêtes et Âmes
Il est défendu aux Âmes
d'entrer dans le corps
des Bestiaux.

POURSUITES

AUX ÂMES

Nous aimons nos bêtes.
Ne nous forcez pas à les
ASSASSINER!

AVIS
EN CE LIEU

Quiconque s'appropriera sans permission le corps d'une bête sera considéré comme criminel au premier degré et attaché au pilori jusqu'à
DESSICATION TOTALE

Les animaux leur étant interdits, les Âmes errantes entraient donc dans les corps des Humains, où elles déclaraient la guerre à l'Âme légitime. C'était ce que, plus que tout au monde, les habitants de ce lieu craignaient car, gagnaient-elles, ils n'avaient plus aucun moyen de les exterminer. Voilà pourquoi elles étaient chassées et honnies.

Mais que pouvait la Méduse? Fleur elle était et sa constitution délicate réclamait de l'eau, de l'eau, toujours de l'eau. Le bassin qui desservait notre ville était bien trop peu profond pour qu'elle pût s'y dérober aux regards des Humains. Elle aurait pu, peut-être, émigrer dans les sources qui coulaient, fraîches et pures, au creux des bois? L'Âme qui la revêtait y aurait eu la nostalgie, c'est certain, de la compagnie humaine.

Tant que dura ce premier été, elle ne sortit du puits qu'une fois, la nuit même où m'apparut le visage de Soleil. Avait-elle espéré que, par un miracle analogue, il lui serait donné de voir celui de son bien-aimé dont elle était restée sans nouvelles? Dès que les Humains l'aperçurent, ils lui jetèrent des pierres et l'appelèrent de tous les noms obscènes qu'ils connaissaient. Et la pauvre dut s'enfuir pour ne pas être lapidée totalement, ignorant d'ailleurs pourquoi on la traitait ainsi.

Sept années passèrent.

Ne sachant sous quelle forme s'incarnait l'objet de ses amours, abandonnée et confinée à la plus noire solitude, elle qui n'était que douceur et tendresse, la Méduse ne trompait sa détresse qu'en se laissant remonter depuis les profondeurs du puits jusqu'à la limite extrême où les rayons de Soleil, en perçant l'eau, mettaient sa vie en danger. Et c'est ainsi qu'un jour, un jeune garçon du village, qui s'amusait à intercepter son propre reflet, penché sur la margelle, surprit, dans ses jeux périlleux, la Méduse qui flottait en ses longs cheveux. Vite, elle brouilla la surface et plongea vers sa retraite mais, déjà, le garçon courait annoncer la nouvelle à ses parents.

Qui voyait une Âme, disait-on, était, tôt ou tard, possédé par elle. Les parents auraient dû dénoncer devant le village l'enfant visionnaire. On l'aurait simplement banni à jamais par crainte que l'Âme, qui bientôt gîterait en lui, n'appelât ses sœurs. Ces malheureuses gens, cependant, avaient déjà vu les Âmes ravir leur aîné, en des temps lointains. Ils voulurent croire qu'un temporaire éloignement suffirait à étouffer le maléfice et, sans rien dire à personne de cet incident, envoyèrent ce fils adoré dans les pays étrangers, sous prétexte de s'y perfectionner dans l'art du chant.

La Méduse aurait-elle su ces choses qu'elle se serait bien gardée de se montrer. Elle n'aurait pu faire de tort à personne sans en éprouver d'éternels regrets. Surtout qu'il s'agissait d'un enfant, comme elle tendre et rêveur. Ignorante des conventions humaines, elle continua de se laisser flotter entre les eaux, sa longue chevelure affleurant à la surface. Tant et si bien que la rumeur courut bientôt, dans tout le hameau, que le puits était «habité».

Pensez-vous qu'on allait assécher le puits? «Pêcher» la créature qui y logeait?... On s'en garda bien! Les sanctions menaçantes qui placardaient les murs du hameau étaient bien plus destinées à effrayer les Âmes et à rassurer les habitants qu'à être jamais appliquées. La peur de ce qu'ils ne voyaient pas leur était de beaucoup préférable à la connaissance de l'objet de leurs craintes. Ils ne soufflèrent mot et se contentèrent de se barricader dans leurs maisons et leur étables dès la chute du jour. La Méduse y gagna de pouvoir, en toute sécurité, sortir de son puits et se promener sur la place publique. Or, comme les êtres jeunes, elle devenait chaque année de plus en plus belle. Sa chair était transparente et fluide comme l'eau où elle vivait et lorsqu'elle se promenait sur la place publique, elle semblait couler d'un endroit à l'autre tant était ondulé le mouvement de son long corps mouillé. Parfois, elle chantait et les lents accents de sa voix mélodieuse parvenaient aux oreilles des Humains derrière leurs volets clos. Comment donc se pouvait-il qu'un chant si pur fût pour eux le signe d'un mal si grand? Mais la Méduse était mortellement triste et ses chants n'avaient d'autre but que d'exprimer son désespoir. Les Humains craignent comme la Mort elle-même ce qui est triste et beau et reste trop longtemps gravé dans le cœur.

Sept autres années passèrent ainsi.

Il advint qu'une nuit, le jeune garçon qu'on avait exilé revint au hameau. Le «mal» s'était emparé de lui, que nul médecin étranger ne pouvait diagnostiquer. De plus, dans les rues et ruelles de la ville où il résidait, un grand Cheval blanc s'était mis à le suivre comme son double. C'était lui qui, par une nuit de lune, l'avait, en le poussant délicatement, ramené au puits.

Volets, portes de cours et de maisons, tout ce qui faisait face à l'endroit maléfique était hermétiquement clos. Le jeune garçon traîna ses pas languissants sur la place déserte. Ne trouvant où aller, il s'appuya au cèdre solitaire qui couvrait de son ombre l'eau du puits et la gardait fraîche à la canicule.

Le «mal» avait provoqué la mue de sa voix, mais il savait jouer du luth d'une façon merveilleuse. Nul professeur n'y reconnaissait son enseignement. Les notes qu'il tirait de son instrument avaient le cristal des gouttes d'eau de source, la douceur des gouttelettes de pluie. Elles tombèrent une à une dans le puits et y firent des cercles concentriques qui se propagèrent comme les ondes d'un écho pour aller porter aux oreilles de la Méduse ces sons qui ressemblaient à son chant et pour l'envoûter. Quand elle leva la tête, elle vit, en effet, le Cheval blanc qui la regardait à travers la surface limpide. Ses naseaux frémissaient de tendresse et de volupté comme pour l'inviter à quitter sa retraite craintive.

Égarée par cette image et par cette musique qui lui rappelaient celui qu'elle avait perdu, la Méduse suscita autour de son logis une brume épaisse. Lorsque le jouvenceau se pencha pour se désaltérer, elle monta promptement sous la surface et mêla ce reflet juvénile à celui du Cheval blanc. Puis elle offrit sa bouche à cette image unique que son baiser scella. Le jeune homme tomba, foudroyé. Éperdue d'amour, la Méduse contempla le visage humain de son bien-aimé, le premier visage humain qu'elle vît sans crainte. Juste avant le lever du jour, elle s'enfuit dans les profondeurs de l'eau, emportant dans sa course le luth qui frémissait.

Au loin disparut le Cheval blanc, comme un point rentrant dans l'horizon.

*  *  *

Ce furent les femmes, tôt levées pour aller quérir l'eau, qui trouvèrent le garçon endormi à côté du puits. Elles le réveillèrent en riant et en chantant, heureuses de sa métamorphose. Un enfant était parti, un jeune homme (à peu de chose près) leur revenait, tant il est vrai que l'amour modèle ses instruments. Toutes, déjà, pensaient en leur for intérieur qu'il ferait un fort beau parti si, au lieu de rester insensible à leurs charmes, il montrait quelque autre préoccupation que celle de retrouver son luth. Il osa même demander laquelle le lui avait volé cette nuit! Oh! le fripon! Peut-être, au retour de ses études, faisait-il exprès pour exhiber quelque facette d'un talent de comédien? Le sort, dans ce cas, sourirait à qui entrerait le mieux dans son jeu:

— Laquelle? Laquelle?

— Mais moi!... Moi!

— Attrape-moi et tu l'auras, ton luth!

— Par ici, mignon, sous mes jupes!

— Un baiser et je te le rends!

Ensorcelé comme il l'était, il ne lui était pas possible d'échapper à ces joyeuses harpies et elles avaient beau jeu de se le renvoyer de l'une à l'autre. Fort heureusement, la mère du jouvenceau, flairant quelque chose de suspect sous ces cris de crécelles et ces roucoulements de tourterelles, vint s'enquérir de ce qui se passait. Elle reprit son fils et le ramena elle-même à la maison. La pensée de son luth perdu qui lui était plus cher que son Âme (il n'avait pas encore éprouvé les vertus magiques que la Méduse lui avait conférées en échange) l'absorbait tellement qu'il n'aurait pu retrouver, seul, le chemin de son enfance.

Arumel, la paysanne, sut, dès le premier regard, que son fils avait bu le philtre d'amour de la Chimère qui chantait, la nuit, dans le puits, et que son Âme était restée aux mains de la créature. Comme elle connaissait bien les Âmes, ayant eu commerce avec elles à maintes reprises pour tenter de leur reprendre son aîné, elle commença par préparer une décoction d'herbes sauvages auxquelles elle joignit quelques pétales qu'elle avait arrachés, dans les Champs du Vent, à une curieuse fleur mauve qui n'y croît qu'une fois tous les mille ans — nuls pressentiments ne sont plus funestes aux amants que ceux de la mère d'un fils aimé. Elle présenta ensuite au jouvenceau, sous forme d'une tisane pour l'endormir, ce breuvage destiné à lui faire trahir l'objet de ses pensées.

Et le jeune homme dormit, en effet, d'un sommeil fiévreux et agité, rempli de visions. Chaque fois qu'il tentait de reprendre son luth, les longs cheveux de la Méduse se substituaient sous ses doigts aux cordes de son instrument. Il aurait défailli de bonheur si ce contact si doux n'avait provoqué, chaque fois, une chute de sanglots mélodieux au milieu desquels une voix enchanteresse, mais de plus en plus lointaine, lui prédisait l'impossibilité de son amour...

La Méduse se tut... Les dernières hallucinations s'estompèrent, que les pétales mauves avaient causées... Et Arumel ferma les paupières de son fils, satisfaite de ce qu'elle avait vu au fond de son regard. Non seulement les visions du jeune homme confirmaient-elles ses intuitions mais elles l'avaient renseignée sur la nature exacte de celle qu'elle voulait détruire...

Laissant les herbes de la décoction produire maintenant leur effet, qui était d'immuniser le jeune homme contre les Chimères d'eau de toutes espèces, elle s'occupa, pendant qu'il dormait, à fourbir les armes dont elle allait le doter afin qu'il récupérât lui-même son Âme.

Quand le jouvenceau s'éveilla, son cœur était comme emprisonné dans le marbre.

— Fils, lui dit Arumel (elle était sûre de l'effet de ses potions), fils, il faut tuer la Méduse qui hante notre puits. Mais pour en délivrer ton cœur où elle a accroché ses amarres, c'est toi qui devras la tuer.

Si grand était l'engourdissement dont elle avait frappé l'esprit et les sens de Genhi (c'était son nom), qu'il consentit à obéir à sa mère. Elle

36

lui remit une fiole sur laquelle elle enleva la blanche étiquette où était écrite la formule, qui consistait en un savant dosage d'herbes rares et de métaux lumineux contraires à la constitution de ces créatures. Elle y avait ajouté, pour plus de sécurité, un souffle de Vent d'Hiver. Elle versa ensuite dans les yeux de Genhi quelques gouttes d'encre de calmars, qui sont proches parents des méduses, car il lui fallait trouver, pour protéger son fils de la créature, des substances ayant avec elle des affinités. La noirceur de cette encre l'empêcherait de voir sa bien-aimée lorsqu'elle monterait à la surface du puits, attirée par la luminosité de la fiole, « car, mentit Arumel, les Méduses sont rapaces et aiment tout ce qui brille ». Elle lui en versa également dans chaque oreille afin d'égarer les notes de son chant si elle tentait de le séduire ainsi.

Puis, satisfaite de son travail et ne se doutant pas qu'elle pouvait l'avoir inutilement armé contre l'amour, elle lui dit de se hâter. Lune protégeait de son influence les Chimères d'eau et il devait éviter de se trouver en même temps qu'elle dans les parages que celle-ci hantait. Il partit donc dès que Soleil fut à son déclin, à l'heure où la Méduse montait à la surface prendre l'air de la Nuit.

Genhi obéit aux instructions de sa mère. Il tint à bout de bras la fiole de poison dont les feux tout-puissants dissipaient autour de lui les Ombres de la Nuit. Mais si lourds étaient les métaux solaires qui reposaient au fond de la fiole, si lents les pas qu'il accomplissait comme à rebours de lui-même, qu'il déjoua les plans d'Arumel et prit la moitié de la nuit pour atteindre au but. Lune était haute à ce moment-là, et les derniers effets de la tisane, en lui, se dissipaient promptement. C'est alors qu'il vit accourir, de l'autre horizon, le grand Cheval blanc, l'écume à la gueule et l'œil injecté de sang. Le cœur de Genhi se gonfla aussitôt d'un grand souffle d'amour et de volupté et la fiole glissa de sa main qui tremblait. L'Âme de la bête entra en trombe dans sa poitrine, qui aurait certainement éclaté sous cet influx puissant si, du même coup, il n'était lui-même entré dans le corps de l'animal.

Le Cheval piaffa et caracola autour du puits. Comme la Méduse tardait à venir, il pencha sa tête soyeuse sur l'eau et Genhi pensa défaillir: lumineuse et mortelle, la fiole de poison descendait vers les profondeurs d'où montait la douce créature, toute fleurie en son corps opalin. Il eût voulu lui crier de s'arrêter, de crainte qu'elle ne la heurtât ou que cette luminescence, au passage, ne la désintégrât: il ne sortit des naseaux du cheval qu'un appel tendre et frémissant. Sans même voir la fiole, protégée qu'elle était par l'amour, la Méduse émergea du puits, enlaça son cou de ses deux bras frémissants et Genhi s'élança dans l'espace, ivre d'un bonheur inconnu.

Il en fut ainsi tout «l'automne», ainsi que les Humains disent. La Méduse ne retourna pas dans le puits que la fiole de poison embrasait. Les habitants du hameau, terrorisés, ne doutaient pas que ce ne fût là encore une manifestation de l'Âme maudite qui le hantait. Genhi dormait toute la journée, d'un sommeil de plomb contre lequel les tisanes d'Arumel s'avéraient inefficaces. La nuit venue, cependant, l'amour qu'il éprouvait pour la Méduse était si puissant que ni les barricades ni les verrous ne pouvaient l'empêcher de rejoindre le grand Cheval blanc qui accourait de l'Occident et piaffait sous le cèdre du puits. Ensemble, ils partaient à la recherche de la Méduse à qui Nature avait donné asile. Elle n'était pas difficile à trouver: le reflet du bel étalon soyeux n'avait qu'à se profiler sur l'eau d'un étang ou d'une rivière pour qu'aussitôt la Méduse en émergeât, éblouissante comme au premier jour, car toutes les Eaux communiquent, dit-on, au centre de la Terre. Alors, les longues foulées de la bête les emportaient dans le Vent d'un autre monde, ainsi que l'avait souhaité jadis la Méduse amoureuse. Jamais amants ne virent si bel automne. Jamais automne ne vit si doux amants.

Cependant, l'Hiver accourait de ses domaines polaires. Déjà, les pays plus au nord s'étaient couchés sous sa tyrannie, avec la résignation des bêtes aux approches de la Mort (qu'elles savent, peut-être, aussi éphémères que la Vie…). Le Vent, cette année-là, sembla plus pressé que jamais de recouvrir Terre de son linceul et, devançant la marche des saisons, il avait atteint le hameau bien avant son heure. D'ores et déjà, l'on pouvait sentir son souffle glacial qui s'insinuait dans les tanières et les maisons, dans les os et jusque dans les lits où il terrassait même la flamme de l'amour. Non, jamais on ne l'avait vu déployer une obstination si féroce à mordre la chair des hommes, des bêtes et des insectes. Qui n'avait son antre et son feu, sa porte ou son cocon bien clos, n'avait plus rien à espérer.

Les étangs se couvrirent de glace et, bientôt, il ne resta plus une seule flaque d'eau pour porter à la Méduse le reflet du Cheval blanc. Sur la place déserte où les amants s'étaient donné rendez-vous, le Vent tourna trois fois sur lui-même en hurlant de rage. «Messire Vent cherche une Âme», murmurait chacun sous son toit. Et de se signer en espérant que ce ne fût pas la sienne. La Méduse pâlit et Genhi dut ranimer la fleur mauve qu'il aimait, tant la crainte l'avait étiolée. Mais le Vent était parti tourbillonner ailleurs.

Toute la nuit, ils attendirent en vain: le grand Cheval blanc avait été fait prisonnier de l'Hiver au cours de sa longue course et l'Âme de Genhi ne put prendre son envol vers des mondes plus cléments, en enserrant sa bien-aimée. Le Froid mordit avec voracité ses membres et le Gel transforma la chair laiteuse de la Méduse en cruelles aiguilles de glace. Ils s'assurèrent mutuellement qu'ils ne ressentaient rien et, pour tromper leur peine et se leurrer l'un l'autre, enfilèrent avec des aiguilles de froid les perles de glace qui coulaient pareillement de leurs yeux. Les habitants trouvèrent, au matin, près du puits fatidique, d'étranges colliers sur la nature desquels, aujourd'hui encore, les savants s'interrogent.

Le lendemain, hélas, Genhi fut seul au rendez-vous. Mortellement inquiet — car il avait laissé sa bien-aimée aux trois quarts fleurie de givre et constellée de diamants de froid, il leva vers la face blême de Lune ses regards angoissés:

— Oh! Lune, s'écria-t-il, Protectrice des Amants et des Poètes, Mère des Rêves et des Tendresses, ne peux-tu rien pour ma douce amie?

— Hélas! répondit-elle, j'enfante les désirs et les songes, mais il n'est pas en mon pouvoir d'aider à les réaliser.

— Ne peux-tu, au moins, retarder la marche des saisons qui emportent ma bien-aimée?

— Quel amant ne m'a pas suppliée d'éterniser la saison de ses amours? Les saisons durent, ami, ce qu'elles ont à durer... et celle de ta jolie Fleur est finie...

Genhi, à ces mots, s'agenouilla sur la terre glacée et cacha son visage dans ses mains pour étouffer sa peine. Les loups qui s'approchaient chaque hiver de la ville hurlaient dans le lointain sous les nuages lourds.

— Voici l'Hiver! annonça Lune.

Et les premiers flocons envahirent la place, porteurs de solitude et de silence tandis qu'au loin attendaient, menaçantes, les troupes hivernales. Mais un tourbillon les devançait. Genhi discerna qu'il entourait la forme flottante de la Méduse. C'était elle que le Vent tirait par ses longs cheveux pour l'extirper de terre. La pauvrette enserrait son Âme de ses deux bras, tentant, contre l'impossible, de la retenir.

Genhi voulut s'élancer. D'invisibles lanières le ligotèrent au cèdre et le tourbillon s'abattit en mugissant sur le village. Des branches centenaires se brisèrent sec dans l'air coupant et jonchèrent le sol cependant que de pauvres bêtes, arrachées à leur terrier détruit, roulaient partout, mortellement gelées.

Les membres bleus de froid, Genhi voulut appeler: le Vent, en ricanant, lui arracha la parole de la bouche pour l'éparpiller aux quatre coins des horizons. La Méduse avançait toujours. La plus faible et la plus fragile des créatures, celle qui n'avait pour tout rang dans l'échelle de l'univers, que celui de Chimère, osait, soutenue par l'amour, braver le plus fort et le plus terrible des Éléments. De rage, le Vent, qui était par surcroît son maître, abattit quelques masures. Rien ne put empêcher que les amants ne fussent réunis.

— Ami, je vais mourir, annonça simplement la Méduse dont le corps léger et humide flotta comme une caresse sur celui de Genhi lié.

Ses yeux, déjà, voyaient ailleurs, et sa voix charmeuse n'était plus qu'un souffle suspendu au-dessus des abîmes séparant deux mondes.

— Bientôt, je ne serai plus qu'une simple Fleur dans les Champs pluvieux du Vent... car quelqu'un, là-bas, attend mon Âme et s'impatiente de ne pas l'avoir encore... Si tu pars à ma recherche, peut-être la reconnaîtras-tu, car les Âmes gardent toutes quelque chose de ceux et celles qui les ont habitées... Mais ce serait pour ton plus grand malheur, ami, et je ne te le souhaite pas...

Elle reprit son souffle un instant car le Vent la tirait si violemment par les cheveux que sa tête chavirait.

— Apprends ce secret, aussi. Là ou je vais, les Fleurs ne meurent pas. Elles attendent... pendant des siècles... la main qui les caressera... la main qui les cueillera... et les fera éclore pour l'éternité...

Une dernière fois, son regard plein d'amour embrassa Genhi.

— Le Vent s'acharne sur toi, Genhi, parce que toi seul retiens mon Âme qu'il veut apporter à quelqu'un qui lui est très cher... Mais, bientôt, tu seras libre et tu cesseras de souffrir. Tu iras de par le vaste monde et les femmes te cajoleront car tu es, parmi les Humains, le plus beau... et alors, tu ne seras plus insensible à leurs caresses. Si tu m'oublies, tu seras le plus heureux des mortels... Si tu continues de m'aimer...

Elle n'eut pas le temps d'exprimer la fin de sa pensée. Un coup de Vent, si terrible qu'il souleva les toits, renversa les étables, poussa les portes verrouillées et réveilla de terreur chacun dans son lit, détacha l'Âme de la Fleur et les emporta l'une et l'autre avec un sifflement rapide.

## 3. Genhi

La prédiction de la Méduse s'avéra juste: dès cet instant Genhi fut libre (car, quoique l'on dise, le passé ne lie pas). Resté seul sur la place déserte, il tâta son cou, sa poitrine, son visage, son épaisse chevelure. Il reconnut qu'il avait accédé à l'âge d'homme, s'admira sans fausse honte et se mit à rire.

— Holà! Holà! Étranger! appelèrent quelques miséreux dont la cahute venait d'être renversée par le Vent.

Plus fort que la compassion était le sentiment qui le poussait à quitter les lieux où, déjà, il ne se souvenait plus d'avoir vécu son enfance. Il était beau et musclé, il était jeune et joyeux, il avait envie de voir le monde et ne doutait pas qu'il l'aurait bientôt mis à ses pieds.

Il arriva à la première ville qui se trouva sur son chemin tout aussi désireux de connaître la femme que transi de froid (et même un peu plus). Il n'eut pas de peine à satisfaire ses envies. Les rues étaient bordées d'endroits où un homme pouvait tout à la fois chasser la raideur de ses membres et étancher sa soif et ses désirs. Boire lui communiqua une joyeuse sensation. Il ne prêta pas attention aux yeux rouges de la jeune servante qui lui prodigua tendrement ses soins. Ce ne fut que plus tard, quand il voulut poursuivre en sa compagnie les plaisirs de l'âge d'homme, qu'il s'enquit de la cause de ses pleurs.

— Les hommes noient leur chagrin dans l'ivresse, répondit-elle, et les femmes dans les larmes.

— Moi, je bois parce que je suis heureux, rectifia Genhi, et je n'ai pas de chagrin.

— Chacun est porteur d'un chagrin mais il se peut qu'un Cœur reste longtemps sans découvrir ses secrets. Si, donc, vous êtes heureux, c'est que vous ne le connaissez pas encore. Moi, c'est en vous voyant que j'ai su mon malheur.

— Et quel est-il? insista Genhi, fort intrigué.

— Je pleure, dit-elle, d'avoir compris que vous êtes beau et que je suis jeune, que vous êtes libre et que je suis servante, que vous partez et que je reste...

Genhi aurait voulu la consoler car, bien que sans mémoire, il était resté sensible aux malheurs des autres. Mais quel remède aurait-il pu trouver à sa peine? Un des seins de la demoiselle, dans sa main, fleurait bon la pomme. Il croqua l'autre. Puis il s'en fut, un fleuron côté cœur, ayant aggravé le mal de la jeune servante.

Des villes, il en connut de tristes et de gaies, de belles et de laides, d'océanes et de lacustres, de torrides et de brumeuses, de nocturnes et de diurnes, d'aurifères et de ferrugineuses, de reines et de prisonnières. Leurs femmes étaient à leur image. Il en aima dans toutes et il aurait pu dire, en voyant une courbe féminine, si elle venait de Mousse-la-Dormeuse ou d'Aigue-à-la-Natte. Mais que lui importait? Il avait plongé la main dans tous les coffres à trésor de la terre sans jamais retirer la seule perle de ses rêves.

Qui plus est, boire ne noyait pas sa tristesse et il enviait aux femmes le pouvoir des larmes qu'il leur faisait verser. Elles étaient à son Cœur la plus brumeuse et la plus troublante des caresses. Mais elles y laissaient, en se retirant, l'amertume des océans car elles évoquaient seulement, de trompeuse façon, ce qui manquait à son bonheur.

Enfin, à force de faire pleurer celles qu'il voulait rendre heureuses, à force d'être aveugle à ce qu'il cherchait, celui qui était parti soumettre le monde à ses désirs le parcourut sans plus adresser la parole à personne. Il entra ainsi dans le monde invisible dont le silence est la frontière. Oh! quelles villes il connut alors! Les unes étaient de roc, les autres de pure lumière, des stalactites avaient formé celle-ci, les algues ou le gel avaient revêtu celles-là d'habits féeriques! D'autres étaient habitées par des communautés de bêtes qui vivaient en parfaite association: Ville-des-Cent-Chats! Ville-de-la-Pluie-Éternelle! Ville-des-Douze-Rats-Gras! Petite Nuéeville! Toute la création y passait! Ville-de-Pamplemousse-et-Lune-Bleue! (Ainsi avait-on nommé cette ville en l'honneur de deux chevaux que les humains avaient empêchés de s'accoupler pour préserver la pureté de la race. Ils s'étaient échappés et avaient engendré une nombreuse progéniture: le racisme des Humains avait fait des héros chez les Bêtes.)

Les contrées où il s'enfonçait devenaient de plus en plus désertiques. Chaque grain de sable revêtait la complexité des parcelles de lumière qui révèlent, la nuit, l'existence d'autres mondes. Passé la ville des termites et celles des fourmis rouges, il n'y eut plus rien. Que l'horizon.

Mais il marchait toujours, dans la poussière du soleil, sur le velours de la nuit. Son Cœur, ému par les êtres charmants qu'il avait rencontrés, gardait secret le rêve qui le hantait et qui conduisait Genhi comme un aveugle sur les routes du monde.

Puis, un soir, alors qu'il marchait déjà depuis plusieurs jours et plusieurs nuits, il vit se détacher un des points de cet horizon du soleil couchant dont il avait fait son but. Pendant des heures, le point se rapprocha. Il était devenu, lorsque la lune et les étoiles eurent pris leur place dans les loges de la voûte céleste, un grand Cheval Blanc qui emportait Genhi vers une Cité inconnue.

Peu à peu, le désert se couvrit de toutes les fleurs du monde. Au milieu des pimprenelles et des pavots, des gentianes et des camomilles, des digitales et des ombelles de toutes sortes, apparut une ville grise et pluvieuse que Genhi aurait crue abandonnée si, au-dessus de ses maisons délavées et de ses rues où s'étaient amassées des dunes poussiéreuses, elle ne lui avait offert le féerique spectacle d'une atmosphère déliquescente que teintaient les nuances de toutes les fleurs et qu'agitaient les mouvements d'une perpétuelle transformation. C'était là, au-dessus des Manufactures de Pluie de la ville, que se formaient les ondées dont les champs avaient besoin. Plus loin, surplombant la cité, s'élevait un grand Château rempli de vent.

Dans l'enceinte de la ville, il se fit, sur le passage de Genhi et du blanc Cheval, une vive effervescence. Les poussières qui reposaient en couches épaisses s'envolèrent en tourbillons, des façades et des arbres gris s'effacèrent sans plus de bruit que des formations de nuages, d'étranges créatures furent happées par les courants d'air qu'ils provoquèrent, tirées des maisons par les portes qui béaient et précipitées dans

45

d'autres ouvertures. Elles serraient autour d'elles de grands châles sans couleur comme pour se protéger des chocs et d'autres dangers qui pourraient les menacer et l'une d'elles, dans sa course incontrôlable, frôla Genhi qui pensa défaillir à son contact doux, humide et parfumé. Que cette créature sans poids et sans visage l'avait ému au prix des lèvres pleines, des seins bien mûrs et des regards brillants qu'il avait connus chez les Humaines!

Le Cœur survolté, il descendit de cheval et poussa une porte qui sembla s'ouvrir toute seule tant ses gonds avaient été amenuisés par la rouille et son bois allégé par les intempéries. Ici, ce n'était point les délicates nuances des fleurs mais leurs odoriférantes effluves qui surchargeaient l'atmosphère. L'entrée de Genhi produisit un grand désordre parmi les essences. Il fut surpris par une telle sarabande d'odeurs plus excitantes les unes que les autres qu'il connut l'Ivresse des Parfums et atteignit l'Euphorie qui noie les volontés. Titubant comme un plongeur frappé du mal des profondeurs, vacillant comme l'oiseau atteint de vertige, tout entier soumis aux battements de ce Cœur maladroit qui ne lui avait jamais révélé ses secrets et qui l'égarait sans qu'il y fût préparé dans une densité impropre à son être, Genhi s'aventura dans les Labyrinthes de la Cité.

En vérité, les murs qu'il croyait voir étaient inexistants. Il s'enfonçait dans des toiles arachnéennes dont la substance s'agglutinait pour créer des mirages qui le menaient de portails en alcôves, d'antichambres en enfilades de salles à perte de vue, où la lumière brumeuse jouait et découvrait parfois la moulure ou le cuivre d'un meuble aux trois quarts englouti. Ô Cœur étourdi! Il était entré sans le savoir dans le Grand Cocon où naissaient les fragiles créatures qu'il avait entrevues tantôt dans la Cité, où l'invisible Araignée Mère faisait nourriture de tout ce qu'avaient amassé les siècles passés!

L'éther des parfums eut bientôt raison de Genhi qui se laissa tomber parmi les ruines d'un Café. Dans l'épaisseur des toiles, des larves étaient engoncées dans des positions et à des degrés divers. Des créatures, fraîchement extraites de leur alvéole et encore mouillées de lymphe, se tenaient par grappes et ne bougeaient pas. Mais leurs fins cheveux, en séchant, les auréolaient de lumière. Des angles innombrables

46

de l'immense salle, de fins visages émergeaient et des yeux sans regard fixaient Genhi avec curiosité. Enfin, sans qu'il vît s'opérer quelque mouvement que ce fût, elles s'approchèrent de lui — ou peut-être ne firent-elles que se laisser voir à ses yeux? Transparentes ou translucides, elles étaient d'une telle beauté dans leur nudité qu'un Humain, même averti comme l'était Genhi, pouvait mourir de cette vision. Et ce Cœur qui n'en faisait jamais d'autres se mit à battre précipitamment contre les parois de l'humaine poitrine de Genhi, prêt à s'échapper et à rouler aux pieds des humides créatures.

L'antique porte du Café s'ouvrit brusquement. Un courant d'air faucha en un instant tout ce que son bras put atteindre et les friables créatures se mirent aussitôt à l'abri dans leurs alvéoles. Trop tard! Le Souffle, venu de nulle part, cerna l'une d'elles. Les fils qui la recouvraient se dispersèrent d'eux-mêmes et son corps dénudé se teinta des changeantes nuances qui magnifiaient l'atmosphère de la ville. Du lumineux orgasme qui la possédait, Genhi ne pouvait dire s'il la faisait jouir ou souffrir. Si violent était maintenant son propre désir qu'il voulut la ravir et l'emporter avec lui sur le Cheval vierge, vers le soleil couchant. Mais elle se fracassa subitement comme du verre très fin et retomba en une pluie de poussière et de lumière qui disparut sans laisser de traces sur le tapis de fils d'araignées. Quelqu'un venait de frapper en Genhi le rêve qui remontait lentement, si lentement, des profondeurs de l'oubli, ce rêve, antérieur à sa naissance d'homme, qui l'avait mené comme un aveugle jusqu'en cette Cité inconnue — et ce quelqu'un lui signifiait peut-être ainsi sa toute-puissance en ces lieux.

Soudain, sans lui laisser le temps de se ressaisir, l'antique porte du Café battit pour la seconde fois. Un tourbillon de Vent d'Hiver s'engouffra. Il livra à Genhi un pan de tempête puis disparut en laissant derrière lui une traînée de neige blanche qui se transforma sur le tapis de toiles d'araignées en fines gouttelettes. La tempête s'apaisa aussitôt et les derniers flocons, en tombant, délivrèrent une étrange créature, possédée par de grands froids. Aussitôt qu'elle put les bouger, elle tendit ses mains translucides vers Genhi comme vers un feu. À mesure qu'elle pénétra dans l'aura de sa chaleur humaine, elle sembla retourner à un état antérieur. Une légère roseur traversa ses lèvres de verre comme, sans doute, au temps de sa vie humaine. Elle fit un effort pour les ouvrir. Il en sortit une voix plaintive comme une aiguille de glace, que la moindre modulation eût fracassée:

— Il y a longtemps que je t'attendais, Genhi bien-aimé...

— Mais qui es-tu? demanda Genhi, tremblant.

Dans la cour, le grand Cheval blanc hennissait d'inquiétude. Des milliers de prunelles sans regard dardaient Genhi de muettes supplications. Les fragiles parfums se faisaient de plus en plus insistants à ses narines. Quel message était-on impuissant à lui transmettre?

Elle releva sans mot dire ses paupières scellées de neige. Et ce qu'il vit! Ce qu'il vit dans ces yeux-là, de mauve et de brumeux! Ô Cœur qui te repaissais en secret! De combien de souvenirs fus-tu délesté en un seul instant! Le flux de la mémoire courait de nouveau en Genhi. L'espace de ses folles chevauchées se déployait comme jadis. Deux bras blancs et frémissants comme l'eau enlaçaient son encolure puissante! Des accents mélodieux s'engouffraient dans son ouïe comme un tourbillon dans un puits et il crut tenir celle qu'il avait cherchée sans la connaître. Ô Cœur! En un instant tu fus jeté aux pieds de celle qui possédait un tel trésor d'yeux!

— Je suis, dit-elle, la Fiancée du Vent.

Un souffle de Vent d'Hiver poignarda Genhi.

* * *

«Écoute bien, Genhi, l'histoire d'une pauvre fille des hommes qui n'eut d'autre tort que de naître trop belle et que l'amour a tuée. Celui que les hommes prennent aux jeunes femmes et accrochent ensuite à leur blason sans se soucier de celles dont ils ont arraché le cœur! L'amour, peut-être le sais-tu, Humain, est la plus grande cause de suicide et c'est là le sort que la belle enfant s'était donné! Le Vent, que l'on dit si cruel, le fut moins pour elle que les hommes. Quand il l'emporta dans l'autre monde, il eut pitié de sa jeunesse et de sa beauté dont les hommes avaient fait si mauvais usage. Il lui offrit une Âme et lui demanda de devenir sa femme... Mais il se présente si rarement à son Château qu'il a même oublié de venir l'épouser. Ainsi, son sort ne diffère guère de celui des épouses des hommes et elle attend durant l'éternité ce qu'elles espèrent le temps de leur vie: un peu de tendresse, un peu d'attention...»

Mais Genhi n'écoutait pas la ballade de cette pauvre fille que les Humains avaient séduite, puis abandonnée, que le Vent avait aimée, puis oubliée. Il ne voyait pas la transparence de la jeune femme, devant lui, se teinter des apparences de la vie. La plus belle créature de la terre n'est rien pour l'homme auprès de celle qui hante ses rêves. Il fixait la seule partie d'elle-même qui l'émouvait, ses yeux, où s'agitait, comme dans ses rêves, une captive lueur mauve, pâle comme la Mort. Il distinguait mieux maintenant que c'était une Fleur. Qu'elle l'attirait! Qu'il l'aimait! Mais il lui semblait qu'elle cherchait à s'échapper de sa prison de chair. Oui! Sa tige se tordait de désespoir, elle suppliait! Elle tendait ses feuilles vers lui. Ne pouvait-il donc rien pour elle? Elle n'était plus maintenant que pétales évanouis dans l'iris. Un drame affreux se jouait dans ces yeux que la Brume voilait parfois comme les Champs pluvieux du Vent. Il voulut courir à elle à travers l'étendue de son regard. Hélas! La courbe de l'œil d'où sa bien-aimée l'appelait était maintenant celle de la Terre elle-même et il y avait là, devant lui, autant de fleurs que d'étoiles dans l'univers. Alors, si près du but, il comprit l'impossibilité d'atteindre son rêve et le monde chavira.

Quand il revint à lui, la voix de la Fiancée murmurait:

— Pourquoi me chercher? Ne suis-je pas là, Genhi bien-aimé?

Elle passait et repassait ses doigts de glace sur son front enfiévré.

— J'ai froid, disait-elle, j'ai si froid. Je t'ai tellement attendu, bien-aimé. Prends-moi, réchauffe-moi. Je reprendrai vie.

Combien Genhi se fut empressé, autrefois, de lui échanger contre un peu de sa fraîcheur toute la chaleur qu'il possédait! Mais lui dont les caresses avaient donné vie à tant de femmes était incapable de refermer ses bras sur elle. Il l'eût tuée, plutôt, la belle et misérable créature qui n'avait d'autre tort envers lui que d'abriter le rêve qu'il poursuivait depuis si longtemps.

49

Elle se fit plus humble encore:

— Nous ferons bon ménage, tous les trois… Je sais bien que les hommes aiment mieux leurs rêves que la réalité. Je ne lui en veux pas d'être l'élue de ton cœur. Je te la laisserai regarder aussi longtemps que tu voudras. Je garderai mes yeux ouverts jour et nuit. Prends-moi, j'ai si froid…

Mais les regards qu'il lui jetait l'eussent glacée si elle ne l'était déjà.

Alors elle reprit (et sa voix était toute traversée de filets de tristesse, comme une eau de printemps encore pleine d'aiguilles de glace):

— Ton long voyage à la recherche de ta bien-aimée t'a mené dans la Cité des Âmes, Genhi. Bien peu d'Humains ont jamais eu la persévérance de se rendre si loin. Que connais-tu de nous? Si tu n'as pas écouté mon histoire, écoute donc la sienne… Quand le Vent décida de me prendre pour épouse — cela se passait en des temps lointains — il choisit pour moi, parmi les Âmes qu'il garde en réserve dans cette ville, la plus blanche, la plus transparente, en un mot, la plus belle. Je te l'avoue, je ne méritais pas cette Âme, moi qui avais déjà vécu une vie et qui n'avais plus le cœur pur. Mais je l'acceptai avec gratitude. Elle, cependant, ne voulut pas de moi. La nuit où le Vent se prépara à m'unir à elle, elle s'enfuit et, pour échapper à notre Seigneur et Maître, préféra s'unir à une Fleur, une simple Fleur! Une curieuse Fleur mauve qui ne croît qu'une fois tous les mille ans dans les champs pluvieux du Vent. C'est ainsi que la Méduse naquit alors qu'elle ne devait point naître et tout l'ordre de l'univers en fut perturbé. Mais le Vent partit à sa recherche, la retrouva et m'investit de son Âme. Hélas, Genhi, elle s'était éprise de toi, le plus beau des enfants des hommes, pendant sa courte vie terrestre, et elle l'est restée pour l'éternité… Sache encore ceci, ajouta la voix triste de la Fiancée. Les Âmes sont toutes amoureuses des Humains, mais l'amour qu'elles distillent est mortel pour vous, s'il ne passe par le cœur de la femme…

Genhi était anéanti. Son Cœur, qui l'avait mené par toutes les routes du monde à la recherche de celle qui était sa vie, se taisait maintenant comme s'il avait épuisé à cette tâche toutes les ressources qui étaient en lui et toutes les gerbes de sa souffrance. Le silence qui s'étendait sur Genhi était un champ de glace dont l'étau se resserrait jusqu'à lui broyer le cœur, un paysage désert à l'infini où soudain accoururent des meutes de nuages.

— Ce sont les Chiens hurlants du Vent, frissonna la Fiancée qui les avait aussitôt entendus. C'est ta faiblesse qui les appelle, Genhi! S'ils nous surprennent, ils nous déchireront en mille lambeaux!

Rien n'atteignait plus ce Cœur.

— Genhi! Genhi! l'appela la Fiancée. Ne te désespère pas, bien-aimé. Il y a longtemps que je t'attends et j'ai préparé mes plans...

Des plans! On voyait bien la sorte d'Humaine qu'elle avait été!

— Mais d'abord, écoute bien...

«En un temps maintenant révolu, ton frère Jhamal, le guerrier...»

Elle vit aussitôt que Genhi n'avait conservé aucun souvenir de cette époque lointaine. Que peut un homme sans souvenir? La jeune femme qu'elle avait été — cheveux noirs, idées bien arrêtées — tenait maintenant la situation bien en main. Que Genhi eût ou non l'intention de la suivre dans ses projets lui importait peu. Elle passa sa main devant ses yeux et Genhi fut transporté dans un monde parallèle. Il survola d'abord une effroyable mêlée où se déchiraient des êtres de la réalité et du rêve, du jour et de la nuit, des anges et des démons, des Humains et des Bêtes. Du carnage s'éleva un guerrier de la Lune, beau comme un astre de la nuit. Il portait dans ses bras une créature toute fleurie en son corps opalin qu'il déposa entre les mains de Genhi. «Frère», murmura l'Ange en s'effaçant. Genhi tendit la main vers ce frère qu'il n'avait pas connu: il n'était plus...

C'était l'aube. Il survolait maintenant le champ désolé, jonché de cadavres et de morts à demi. De lourds nuages accostaient comme de grands voiliers et repartaient chargés d'Âmes à ras bord. Au milieu de ce va-et-vient de grand port, une femme s'affairait, emportant son bien le plus précieux, défiant les marins de l'Au-delà. Puis soudain, elle s'arrêta, tendit le poing au ciel et s'écroula en proie aux douleurs de l'enfantement. Cet enfant qui naissait, broyé dans tous ses os par l'exigence de vivre, c'était lui! Cette femme qui l'arrachait au rêve pour le jeter tout nu sur les routes du monde, s'était sa mère! Il tendit la main vers elle pour lui demander de le reprendre en son sein: elle n'était plus... Au lieu, il se trouva, invisible voyageur de la mémoire, dans le Château du Vent où l'on faisait le tri des Âmes. Avait-il traversé, si vite, toute l'étendue de la vie? Vivre n'était-il que ces deux moments — naître et mourir — entre lesquels tout n'était qu'errance? «Attention! Attention!» réclamait le greffier de ce haut tribunal que présidait — il la reconnut — la Fiancée du Vent. Les Âmes des guerriers morts s'avançaient lentement en une interminable file. Chacune avait conservé son apparence humaine mais ce n'était qu'une illusion qui se dissipait aussitôt que la Fiancée, d'un signe de la tête, faisait cocher dans les registres du Vent le nom de celui à qui elle avait appartenu. Savourait-elle sa vengeance contre ces Humains qui l'avaient tellement fait souffrir? Ou cachait-elle derrière les apparences du pouvoir dont elle était investie, une souffrance que rien ne saurait guérir? Elle posait à peine les yeux sur ceux qui défilaient devant elle quand soudain son regard resta accroché à l'un d'eux, à hauteur de poitrine...

«Comment aurait-il pu en être autrement? demanda tristement la Fiancée. Ce guerrier, qui avait connu une mort glorieuse, si j'en jugeais par le nombre de blessures qui trouaient son vêtement, portait un morceau de mon cœur à son écusson...

«Et *j'oubliai,* commenta-elle en effaçant de sa main glacée les images du front de Genhi, de faire au nom du malheureux la coche qui l'aurait libéré pour l'éternité... Depuis ce temps, Arumel, ta mère, veille chaque jour dans sa chambre le corps de ton frère — car c'est lui — et s'acharne chaque nuit à retrouver son Âme dans les Champs du Vent... Elle croit agir secrètement, mais je la vois se consumer à la tâche depuis sa première visite car, en l'absence du Vent, je fauche moi-même chaque nuit le Champ des Âmes. Sache aussi que l'Âme de ton frère ne connaît pas à mes côtés une moins douloureuse agonie que son corps car elle adore enfin ce qu'elle a brûlé et se consume à mon service sans pouvoir assouvir son désir éternel. Les Âmes et les Humaines ont aussi ceci en commun: elles deviennent d'autant plus venimeuses que leur amour grandit sans trouver satisfaction.»

52

N'importe où, n'importe où hors de cette ville eût voulu fuir Genhi. Les parfums, les désirs, les odeurs, naissaient ici d'un germe vénéneux que les Âmes sécrétaient d'elles-mêmes avec la même prédilection pour la fatalité que celle avec laquelle les Humains ourdissent leurs crimes!

— Écoute plutôt mon plan, Genhi. Je peux mettre un terme aux souffrances qu'éprouvent dans des lieux distincts l'Âme et le corps de ton frère. Il me suffit pour cela de les réunir. Car alors il mourra, ses blessures étant mortelles. Et tu te substitueras à lui sans que le Vent le sache. Dans ses courses perpétuelles, il ne prend le temps de connaître personne. Ainsi vivrons-nous heureux, tous les trois, jusqu'à la fin des Temps, du moins, je le crois... À toi de choisir ton éternité!

Cette fois encore, la Fiancée n'attendit pas son consentement. Elle frappa dans ses mains et l'apparence du valeureux guerrier commença à se former devant eux. Ses vêtements étaient encore troués et ouverts sur ses blessures mais leur aspect hideux n'était rien à côté de l'expression désespérée de son visage ravagé par une interminable mort. Le bel astre éteint tournait à l'infini dans une orbite creuse sans pouvoir s'en échapper.

— Frère! s'écria Genhi dans un élan de compassion pour ce frère dont il avait oublié l'existence. Et il étreignit le cadavre pour lui communiquer vie et chaleur. Frère! Que désires-tu?

Les lèvres desséchées se détachèrent l'une de l'autre avec difficulté. Une haleine froide comme l'air d'un caveau s'en échappa:

— La mort... de grâce!

On entendit à la porte du Café se presser les meutes hurlantes des nuages. Le temps commandait. La Fiancée prit entre ses mains la tête du guerrier et souffla dans ses yeux. L'Âme s'échappa tandis que l'apparence qu'elle avait revêtue se dissipait en poussière dans les fils d'araignées. Au loin s'enfuirent les Chiens du Vent.

— Partons aussi, dit la Fiancée sans exprimer le moindre regret. Il vaut mieux aller voir nous-mêmes si tout se déroule comme prévu.

— Oh! oui, partons! murmura Genhi. Partons!

Ah! retrouver l'aride désert de la solitude où, du moins, était apparu le grand Cheval chargé de rêves! Au milieu de ces événements dont il n'était pas le maître, chevaucher de nouveau l'étalon blanc, compagnon de sa solitude, et s'enfuir vers de nouveaux rêves, de nouvelles Cités inconnues! Mais à peine furent-ils dans la cour que la Fiancée s'empara de la bête. (Elle avait pris en se réincarnant les traits de l'amazone à la sombre chevelure qu'elle avait été et se préparait sous cette forme à vivre avec lui son éternité.)

— Est-ce que tu ne m'appartiens pas maintenant? lança-t-elle triomphalement. En route, Genhi!

Il fut contraint d'abandonner ses rêves et de monter la jument noire de la Fiancée.

— On m'avait dit que tu étais plus aimable et plus désirable que ton frère, Genhi, minaudait joyeusement la jeune femme à ses côtés. Je ne le croyais pas. Si on me le demandait aujourd'hui, je répondrais que c'était la vérité...

Une fois de plus Genhi n'écoutait pas. Un froid persistant, du côté gauche de sa monture, retenait son attention. Sur les poils noirs de sa bête, un léger frimas blanc s'était formé. Il prêtait l'oreille à un bruit imperceptible. On aurait dit — mais non, cela ne se pouvait pas! — le pas d'un troisième cheval, de ce côté. Un pas sec, cassant, comme si la bête avait posé sur le sol un pied de glace. Une buée s'élevait de la terre qu'elle avait foulée. Peu à peu, comme ses oreilles avaient perçu l'inaudible, ses yeux décelèrent l'invisible. À son côté gauche, un cheval fantôme portait le guerrier mort. Leurs jambes se frottaient maintenant. Le froid de la mort entoura ses épaules d'un grand bras ami. La même haleine de caveau lui porta le message de ce frère qu'il avait connu trop tard:

— Les Âmes m'ont tué, frère, et j'étais le plus valeureux guerrier des blanches armées de Lune. Elles auront raison de toi aussi. Ce sont elles les Araignées ensevelisseuses de cette ville. Qui se prend dans leurs toiles, qui se laisse charmer par leur beauté, gagne peut-être l'éternité mais perd sa vie. Parmi les Humains qu'elles attirent, rares sont ceux qui parviennent à leur échapper. Mais notre mère, dans son grand amour pour nous, nous a pourvus des armes qui devaient nous rendre libres à jamais. Il est trop tard pour moi car j'ai perdu les miennes mais tu peux encore te sauver, Genhi!... Quand nous passerons près du puits qui fait face à la maison de notre mère, tire la corde! Le poison que, dans ta jeunesse et ton inexpérience, tu as laissé tomber y est attaché. Remonte-le et tue la Méduse! Les autres n'auront plus de pouvoir sur toi...

— Jamais, murmura Genhi, jamais...

— Il n'y a pas d'autre moyen!

— Tu veux te servir de moi pour te venger de cette femme qui a causé ta mort aujourd'hui comme tu as jadis causé la sienne!

— C'est une affaire entre nous! Elle est morte d'amour peut-être, mais d'orgueil surtout. Elle a cru m'humilier en faisant de moi son écuyer, c'est moi qui l'ai trompée afin de pouvoir travailler pour toi. Fais ce que je te dis!

— Je n'ai pas retrouvé mon luth.

— Il est dans le Château du Vent et les Araignées tissent sans arrêt son linceul!

— Mon Cœur est lacéré.

— Il n'est guère d'Humains qu'amputés de leurs rêves, Genhi. Tu n'en vivras que mieux sans Cœur et sans Âme. Nous voici arrivés! Adieu, frère! Sauve ta vie! Moi, j'ai perdu la mienne!

Le grand étalon se cabra de toute sa hauteur en reconnaissant le puits de ses amours et Genhi, tout absorbé par la pensée de l'étrange visiteur, ne chercha pas à retenir l'animal frémissant.

— Mauvais écuyer! Mauvaise bête! criait la Fiancée qui cravachait à droit et à gauche, donnant ainsi à Genhi un aperçu de la mégère qu'elle serait pour l'éternité, car les amoureuses déçues vieillissent mal.

Mais d'autres cris, ceux-là déchirants, couvrirent les siens et le grand bruit que faisaient les bêtes.

— Mon fils est mort! Mon fils bien-aimé est mort! Sus aux Âmes! Vengeance! Vengeance!

Genhi, horrifié et impuissant, vit sa mère, décharnée, méconnaissable, se fracasser la tête contre l'enceinte de la cour, vaincue par l'issue fatale du combat auquel elle avait sacrifié sa vie.

— Partons! ordonna la Fiancée, satisfaite de voir la tournure des événements. Elle prit à l'épouvante la route céleste, entraînant à sa suite la jument noire. Il était temps. Les habitants du village, attirés par les cris, s'étaient rassemblés sur la place publique. Tandis que les uns couraient chercher les vains instruments de l'exorcisme, les autres leur lançaient des pierres. La révolte des Humains éclatait enfin contre la tyrannie des Cieux.

Ils chevauchaient maintenant côte à côte.

— Pardon, disait la jeune femme, pardon...

Dans le jour naissant, la belle robe de l'étalon était apparue toute souillée de sang. Genhi ne disait rien. Lui aussi, maintenant, avait des plans. Sur sa poitrine, la petite fiole brillante, qu'il avait eu le temps de récupérer, avait remplacé tous les rêves.

Ils traversèrent des champs bleus, des champs verts, des champs roses, des champs ensanglantés. Dans un champ de grands soleils, Genhi arrêta les chevaux et là, dans la lumière aveuglante du midi, il posséda la jeune femme dont il avait envie. Les grands soleils, au-dessus d'eux, dodelinaient de la tête et désapprouvaient. L'envie, la jalousie, la contagion et même la pudeur, couraient en vagues houleuses parmi leurs rangs. Là-bas, le grand étalon blanc saillissait la jument noire au prix de leurs têtes. Ils furent tellement outrés que le bruit se propagea aussitôt, du champ jaune au champ vert, du champ rose au champ ensanglanté, que le Vent était à l'instant même c... et que sa Fiancée se mourait d'extase dans les bras de l'étranger humain. Par leurs mêmes soins diligents, la rumeur fut vite établie que le Vent était prévenu et revenait en hâte vers ses domaines afin de châtier les coupables. Ainsi va la parole des méchants. Genhi ne s'en inquiéta pas. Il avait compris que le Vent se souciait fort peu de ce qui se passait sur ses terres, de même qu'il faisait bien peu de cas des Âmes, de sa Fiancée ou de l'Amant qu'elle pouvait avoir. Il était si loin que sa fureur s'épuiserait en cours de route avant de parvenir jusqu'à eux, à moins qu'il ne se laissât distraire par quelque Humaine à séduire, chat à fouetter, objet à dérober...

Tard dans la journée, Genhi, tenant par la bride le Cheval sanglant et boueux, suivi à distance par la Fiancée effrayée de son silence, rentra dans la Cité des Âmes.

Il se rendit d'abord aux Manufactures de la Ville où il enraya à jamais le mécanisme qui produisait la pluie, car il avait saisi que les Âmes se nourrissaient du parfum des fleurs et il souhaitait qu'elles fussent toutes exterminées. Puis, monté sur le fier étalon dont l'œil était encore injecté du sang de la colère, il se rendit au Château où le Vent, dans des milliers de pièces, avait entassé tous les objets qu'il avait dérobés aux Humains: lettres d'amour, navires naufragés, dragons et enfants, débris et détritus, fiancées perdues... colliers des grandes affaires... dossiers substilisés à grand renfort de scandale... C'était un gigantesque bazar des objets les plus hétéroclites et les plus fabuleux. Dans chacune des pièces, des Âmes tissaient inlassablement le fil qui ensevelit les souvenirs. Genhi les ouvrit toutes et des courants d'air de la taille des ouragans balayèrent les ramassis du Vent.

— Fou! criait la Fiancée qui comprenait enfin son dessein. Fou! Tu mourras pour cela!

Mais elle courait en vain derrière lui car rien ne pouvait plus le retenir, rien sinon...

Au milieu du bruit des harpes secouées, des dossiers envolés, des Âmes éclatées, des fiancées qui criaient, des poubelles roulées, un accord mélodieux arrêta net le faiseur de tempêtes.

— Non! Non! hurla la Fiancée que cette seule musique au milieu du bruit assourdissant semblait atteindre.

— Encore... Encore, ô mon Âme! Chante que je te retrouve... murmura Genhi.

D'autres accords roulèrent dans le Château du Vent où toutes choses subitement suspendirent leur agitation comme si une extase les avait frappées. Genhi se lança dans le dédale monstrueux des couloirs, traversa d'innombrables enfilades de pièces, se précipita dans les escaliers et aboutit enfin à un donjon isolé où il retrouva, intact, son cher luth. Une Âme musicienne avait filé sa quenouille à ses côtés sans jamais se résoudre à l'ensevelir. La première note l'avait rendue au néant.

Cependant, la Fiancée du Vent parvenait à son tour au donjon où se répercutaient ses cris sonores et vains:

— Arrête cet instrument! hurlait-elle en se bouchant les oreilles. Fais taire ces sons horribles! Ils me déchirent! Ils me font éclater la tête!

Elle appartenait désormais à cette sorte d'êtres qui ne peuvent, sans en être mortellement blessés, entendre la musique qui s'élève du cœur des autres. Les broussailles du ravin accueillirent son corps au pied du donjon.

Genhi sortit de l'enceinte du Château et chercha son Cheval: un point lumineux rentrait, là-bas, dans le soleil couchant. Il chercha la Ville des Âmes: un nuage de poussière s'élevait des terres basses que surplombait le Château. Il chercha les ondées qui teintaient l'atmosphère: le ciel était bleu, du bleu de la nuit naissante où se piquaient une à une les étoiles de sa solitude.

Il marcha longtemps parmi les Fleurs qui penchaient tristement leurs têtes assoiffées vers la terre et se faisaient de plus en plus rares sous ses pas. La tête perdue dans la voûte céleste, son luth silencieux sous le bras, il parvint à un pré solitaire où, mirant ses rêves dans l'eau, à l'écart de tous, il découvrit celle que son cœur n'avait cessé de désirer. Il voyait bien maintenant que ce n'était qu'une Fleur, une simple Fleur. Mais qu'elle était belle! Que son parfum était suave! Qu'il avait eu raison de l'aimer! Il cueillit délicatement la Fleur mauve qui ne croît qu'une fois tous les mille ans dans les Champs pluvieux du Vent et la piqua dans son cœur. Puis il but pour deux le poison composé d'herbes rares et de métaux lumineux.

*
*  *

# La Maîtresse de l'île

Un jour, couchée sur les rivages de l'île, j'ai cru en rêve appartenir à une autre vie. J'allais sous la mer et je respirais au rythme de tout ce qui s'y trouve et voilà que des baleines montèrent à la surface pour jouer avec les vagues. Je voulus les suivre et partager leurs jeux. N'étais-je pas leur sœur, moi qui naquis au milieu des eaux dans la solitude de l'île? Mais une main inconnue, posée sur moi, m'en empêcha et une voix chuchota sur les galets: «Es-tu enfant de terre ou de mer?»

Quand je m'étais endormie, des oiseaux blancs tournoyaient dans le ciel. À mon réveil, un oiseau noir planait au-dessus de moi en jetant des cris perçants. Et j'eus très peur.

* * *

«Folle! m'a dit ma mère. Tu ne sais donc pas que tout ce qui vient de terre est pourri? Pourri jusque dans le cœur? L'eau de leurs sources, l'air de leurs villes... Et sais-tu qu'il n'est pas une de leurs pensées qui ne soit corrompue? Pas un de leurs mouvements qui ne porte le mal?

«Vois comme ici les fleurs poussent. Vois comme nos oiseaux sont blancs. Que l'air est calme! L'oiseau de terre est tout noir et laisse tomber ses plumes en volant comme autant de malheurs. C'est le corbeau, enfant, l'oiseau de terre! Heureusement, notre île est si éloignée qu'il s'aventure rarement jusqu'ici. Vois, là-bas, ce nuage ocre qui repose sur la lande des hommes? C'est la poussière de leur labeur...

«Un jour, enfant, quand je croyais encore que là-bas tout n'était que beautés et merveilles, l'un d'eux s'approcha de l'île. Et parce que j'admirai ses bras puissants qui retiraient de la mer des filets pleins de poissons et de trésors, parce que je crus en ses paroles qui me promettaient terres et paradis, parce qu'une nuit le vent de terre parvint jusqu'à l'île qu'il secoua de tempête et ensemença de sa poussière funeste, et parce que, cette nuit-là, celui qui vint de terre la tête chargée de mensonges, le cœur plein de désirs et les mains couvertes de caresses, ancra sa barque dans l'ombre de l'île, tu es née, ma fille...»

Tel était en ce temps-là le discours que me tenait ma mère et tel fut le récit qu'elle me fit de mes origines.

\* \* \*

Aussi, quand revint l'étranger de la terre, je ne répondis pas à son appel. Qui sait? L'oiseau dont il imitait le cri n'était pas d'ici où les seules mouettes ceignent le front de l'île de leur virginale blancheur. Et ce chant qui m'avait tant charmée (il me dit: «La prochaine fois que je viendrai, je chanterai ainsi et tu sauras que c'est moi, toute-douce...») qui sait, ce chant n'était peut-être que mensonges...

Je restai cachée sous les ronces. Il était droit comme le mât de sa barque que j'avais épiée et vue fendre l'eau pour venir vers moi. Son regard inquiet courait à ma recherche sur le dos de l'île, hérissé d'autant de broussailles que la mer de vagues. Puis, du voilier ancré pour l'attendre, parvint une voix de grand départ, rouillée tel un cordage à l'embrun. Et ce nom, qui chante dans ma tête ainsi que les gouttes d'eau qui ruissellent partout dans l'île au printemps, le rappela sur la mer.

\* \* \*

— Rosalie, Rosalie, dis-moi encore: comment était-il celui qui vint vers toi?

— Encore? Mais je te l'ai dit vingt fois, je te l'ai dit cent fois... Et j'oublie, tu sais, je radote, ta mère le dit.

— Ce n'est pas vrai, Rosalie, et puisque tu ne sais plus le dire, chante-le: *Il se hâtait dans la nuit...* et après?

— *Il se hâtait dans la nuit et je vins vers lui*
  *Point grand chose ne dit mais me prit dans ses bras*

*Et m'entraîna sur la mer*
*Me serra si bien et m'aima tant*
*Que son regard fut atteint de langueur*
*Et se laissa prendre aux pierres de la mer*
*Les pierres le regardaient et lui se penchait...*

Mais tu sais, cela me fait de la peine. Je ne veux pas, moi...

— Alors, Rosalie, alors?

— *Alors soudain la lune se disloqua sous l'eau*
*Et les pierres lui sourirent*
*Ainsi oubliai-je le monde où je naquis de malheur...*
*Non, ce n'était pas un homme et il était faible*
*Celui qui se laissa prendre aux pierres de la mer*
*On le conduisit au cimetière la nuit*
*Les hommes le portaient et les femmes chantaient*
*(car ils étaient nombreux dans l'île en ce temps-là)*
*On le mit sous la terre celui qui était mort sous l'eau*
*Et on lui attacha une pierre au cou*
*Mais il n'y resta point*
*Et comme j'allai au chemin creux qui conduit sous la lune*
*Je le vis secouer ses os blancs*
*Qu'il était beau sous la lune*
*Celui qui était tout blanc*
*Et depuis ce jour je suis sa maîtresse*
*Parmi les fous et les folles de l'île*
*Parmi les feux follets*
*Nous dansons le soir et nous dînons de fougères*
*Ainsi oubliai-je le monde où je naquis de malheur...*

Chut! Tais-toi, voici ta mère...

— J'ai tout entendu et Rosalie est folle, je te l'ai déjà dit. Et si tu continues à écouter ses sornettes, pour toi aussi le soleil sera tout noir et tu te complairas dans ton malheur. Maintenant, va.

\* \* \*

«Non, non, écoute enfant… Rien ne pourra faire, pas même toi, toute-douce, que cette île, dans sa beauté même, ne soit île de désolation et de tristesse. Il en est ainsi. Sache que, là-bas, rien n'est tel qu'ici. La rumeur que font en vivant les hommes de la terre se répand partout, d'un village à l'autre, et les accompagne, où qu'ils aillent. Ainsi savent-ils qu'ils ne sont jamais seuls. Même sur la mer, loin de leurs femmes et de leurs enfants, ils s'en souviennent. Et quand toute voix se tait, le vent alors chante et parle à leur oreille. Tandis qu'ici, autour de l'île, on n'entend rien, nul vent, nulle rumeur, nulle parole humaine, rien, sauf ton chant captif qui fuit parfois sur la mer…

«Son regard brillait dans ses yeux et pénétrait en moi comme le soleil des profondeurs lorsqu'il éclaire jusque là où poussent les algues et s'enlisent lentement les moules. Il accompagnait ses sévères paroles de mots si doux que seule ma mère, déjà, m'en a dits d'aussi beaux. Je lui demandai ce que c'était que je ressentais de si étrange, là, au cœur, et il n'a rien répondu. Mais plutôt il m'a raconté (et j'ai pleuré, Rosalie) qu'un jour l'île ferait naufrage avec tous ceux qui choisiraient d'y rester, c'était là son destin. Puis, après un long silence, qu'elle n'avait nourri aucun arbre car la solitude les rend fous. À la fin, il a ajouté que, pas plus que le pin et l'épinette qui sont forêts aux confins des neiges, l'homme ni la femme ne sont faits pour vivre seuls ainsi que ma mère le prétend… Mais c'était longtemps après, quand le soleil fut sur le point de se noyer dans la mer et lui d'y disparaître aussi…»

\* \* \*

«Ce garçon de la terre est encore venu rôder dans l'île, dit ma mère en entrant. (Elle avait décroché la carabine et l'avait déposée contre la porte. D'autres maraudeurs, déjà, avaient essuyé son feu défensif.)

«Ah! cela ne se passera pas de la sorte! Cette nuit, nous verrouil-lerons les portes et les fenêtres de la maison et toutes les nuits il en sera ainsi. S'il le faut, je me tiendrai au débarcadère et je défendrai l'accès de l'île à quiconque approchera. (Ce garçon n'a pu seul apprendre l'exis-tence de l'enfant. Quelque vent errant a dû dévoiler sur la mer les secrets de l'île…) Et j'y posterai aussi, en vigie, ce vieux fou de Jacob qui, cette année, ne pêche guère plus d'un poisson par jour. Cette race de la terre est tenace. Il reviendra. Et, comme le renard, il tentera de nous prendre par surprise. Je le sais.

— Mais, ma mère...

— Assez, assez parlé des hommes de la terre. Leur nom même est de trop dans cette île. Sache, enfant, que sa pierre n'a pas gardé la trace d'un seul, ni mort, ni vivant. Et son cimetière ne porte que fleurs et ronces et noms de femmes.» (Sa pierre à la main, elle commença à moudre le sarrasin).

L'été qui passait était le plus beau de tous. L'île était couverte de fleurs (mais pas tant que mon cœur), chaque bête nourrissait un petit et nous ne manquions ni de miel ni de sarrasin. J'étais bien! Et l'étranger m'apprenait les secrets de la terre, là-bas, que je n'avais jamais vue.

Comment aurais-je compris les paroles de ma mère? L'île, en des temps anciens, s'était figée dans la mer comme la lune dans le ciel. Par de noires nuits, ma mère avait appris le tournoiement de l'univers et la fuite des astres vers des lieux sans mémoire. Mais j'ignorais les secrets de l'île et, plus encore, les secrets de ce cœur qui habitait la nuit et me donnait le jour.

— Enfant! À quoi songes-tu? J'ai besoin d'eau.

Je courus au puits et j'interrogeai l'eau douce, mon amie. De grands respirs la soulevaient comme si l'île, en des profondeurs inconnues, tentait de s'arracher à celle qui l'avait nourrie. Laissant là le seau, je courus demander conseil à la mer car mon cœur, dans ses racines, éprouvait même désir... Mais les vagues n'avaient pas gardé trace de celui qui était venu porter dans l'île l'appel de la terre.

\* \* \*

L'été fuit comme sable entre mes doigts et la mer se lève en des marées de plus en plus grosses à mesure que dans le ciel s'agrandit la lune. L'étranger n'est pas revenu. Est-ce l'amour? Est-ce l'attente? L'été a fait mûrir mon corps. Je ne reconnais plus en moi-même les parages familiers de mon enfance. La maison est grande, est nue, et, depuis quelque temps, le vent siffle sur la mer. Ma mère, inquiète, me fait taire. «Écoute!» dit-elle. Moi, je n'entends rien, que le vent qui approche. Mais elle, tend l'oreille... comme si elle attendait quelqu'un. Et quand ses yeux, brûlés d'avoir tant scruté la mer, de fatigue se ferment, ses lèvres s'entrouvrent sur un nom qui jamais ne les franchit. À mesure que le vent monte, l'île se fait de plus en plus seule et la mer de plus en plus grande. Une présence l'emplit qui enfièvre ma mère et fait naître dans les yeux de Rosalie une lueur de haine et de folie. En de brûlantes nuits, je rêve de celui qui m'a déraciné le cœur.

* * *

C'était une étrange odyssée qui l'avait mené vers moi. Tout enfant, m'avait-il raconté, il habitait dans un lotissement où vivait une femme qu'un capitaine, au hasard de ses pêches et de ses voyages, s'en venait aimer. Homme sauvage que ce capitaine, ne parlant à personne ou peu s'en faut. Son grand voilier noir rapportait toujours de lourdes cargaisons de poissons rares dont personne au port ne voulait et qu'il allait vendre aux marchands de la ville voisine pour qui le poisson n'a qu'une chair — celle qu'ils vendent — et point d'âme. Peu de gens, disait-on, avaient vu son regard, du bleu de la mer là où elle est la plus profonde. L'enfant, lui, le vit, et simplement il se mit à suivre cet homme que nulle affaire n'attirait dans ce port trop pauvre, si ce n'était de guetter au loin le lever de la brume sur une île que la superstition disait porteuse de malédiction. Car, tout jeune qu'il fût, l'enfant avait compris que ce n'était point la femme que le capitaine montait aimer chaque fois que, dans les abysses de ses yeux trop bleus, l'île s'était reformée avec chacune de ses pierres polies, chacune de ses croix, chacun de ses instants passés.

Un lien très fort se noua entre eux. «Fils», disait le capitaine. «Père», répondait le garçon. Le même sang ne courait pas dans leurs veines mais le même désir habitait leur cœur, braise chez l'un, flamme naissante chez l'autre. Quand il fut en âge d'apprentissage, le garçon

66

refusa de partir, comme le voulait la coutume, dans la barque de l'un de ses oncles ou de ses frères. Sûr de son cœur, il avait élu pour maître le capitaine aux yeux trop bleus et voulait chevaucher la mer sur le grand voilier pélagique. Ni les prières de sa mère, ni les malédictions de ses oncles n'y purent rien changer. Le capitaine l'emmena, déployant toute grande la puissante voilure à l'odeur de roussi.

Ils voguèrent aussitôt vers l'île mystérieuse qui, enveloppée de ses voiles de brume, apparaissait et disparaissait dans la mer. Comme possédé par un chant, le grand voilier plongeait et replongeait à sa poursuite. Ici où le capitaine l'avait vue, ce n'était que hauts fonds d'où émergeait la mâture d'un navire enlisé. Là où l'étranger jurait la reconnaître, écueils à fleur d'eau. Bien des lunes passèrent ainsi. Le garçon devint homme, le capitaine resta inchangé. D'avoir tant plongé jusqu'au fond des abysses, d'avoir tant erré sur la mer étale, le grand voilier n'était plus que l'ombre de lui-même. Des algues déchiquetées formaient toute sa voilure et sa coque était lourde de coquillages incrustés. Mais de son bois noirci s'élevait la buée d'un feu que nulle mer n'avait pu éteindre.

Un matin, enfin, le soleil, qu'ils n'avaient pas revu depuis la lointaine saison de leur départ, vint à la rencontre de l'île. L'enceinte de silence et d'immobilité, de superstitions et de sortilèges qui la défendait se leva lentement et s'évanouit en particules de brume. Éblouis, ils émergèrent devant l'île toute baignée de soleil et contemplèrent celle qu'un cataclysme avait, en des temps anciens, pétrifiée dans la mer. Le sable sur lequel reposait son corps paisible réfléchissait une myriade de soleils. Des crabes grimpaient le long de ses cuisses abruptes et ses flancs accueillaient des nuées d'oiseaux blancs. Dans une offrande à jamais recommencée, elle pointait vers le ciel ses mamelles de pierre et sa tête renversée contemplait les astres et obéissait aux marées.

— Jetons l'ancre, murmura le capitaine à la voix toute rouillée d'embrun.

* * *

Lorsqu'il ne fit plus de doutes que le grand voilier se dirigeait vers l'île des sortilèges, les hommes de la terre osèrent affranchir leur cœur de ses terribles secrets.

Avaient-ils pénétré par mégarde dans la zone incertaine qui voilait l'île comme une planète interdite? Ils voyaient une femme errer, couverte d'une sombre et longue cape, dans les brumes qui, des milles à la ronde, stagnaient sur les eaux. Tentaient-ils de la surprendre? L'approchaient-ils pour lui arracher son masque? Elle se métamorphosait aussitôt et la barque des téméraires s'écrasait sur le rocher qu'ils n'avaient pas su reconnaître assez tôt. Leur navire s'égarait-il dans ces parages dangereux? Vite, elle glissait sous le miroir des eaux, courait en chantant vers les hommes en détresse dans la traîne argentée de la lune. Sur les hauts plateaux des fonds marins où les barques s'enlisent, les pierres noyées souriaient aux jeunes gens en peine d'amour et les invitait à l'oubli: elle encore. Et plus d'un avait péri d'avoir connu la bouche froide de cette amante qui jamais ne rendait la parole donnée. On racontait enfin que, debout à la pointe de l'île, la Mort — qui d'autre était-ce? — parlait en maître aux astres comme aux vagues, aux nuages comme aux végétations, soulevait les tempêtes où bon lui semblait et attirait les navires dans le danger. Et puis s'approchait des naufragés, vêtue d'aube glaciale, et leur ouvrait le cœur du seul dard de ses lamentations.

Mais qu'avait à craindre de ce qui portait malheur aux humains celui dont les yeux reflétaient les abysses de la mer? Lui seul savait qu'une fleur d'amour sommeillait dans le sein de l'île.

Plusieurs fois, l'étranger soudoya le vieillard dont ma mère avait fait le gardien de l'île et mit pied à terre. Le soleil, la lune, les astres, les fleurs et les saisons habillaient l'île et la paraient comme une fée aux multiples visages qu'il ne se lassait pas de regarder tandis qu'il m'apprenait le Temps d'ailleurs. Jusqu'au jour où, avec une lenteur et une douceur extrêmes, le grand voilier noir retourna aux abysses bleutées.

*  *  *

Soudain, le vent de terre franchit la mer à la vitesse du désir et jeta entre les pierres un sifflement tragique. Ma mère, promptement, ramena sur moi le voile de la nuit. Un cri immense déchira le silence. Le Vent de la Mort était entré dans l'île! Malheur à qui s'égarait en ces lieux!

Dès lors, les vagues, noirs coursiers lancés à l'épouvante sous le fouet de la tempête entraînaient vers les rivages funestes les navires et les barques sur lesquels les matelots, ivres de rage et de désespoir, brisaient à grands coups de barre leur boussole égarée par la pierre magnétique de l'île. Tonneraient les orgues de la tempête et s'illuminerait le ciel comme pour une grand-messe orgiaque! Impuissants, ils iraient bientôt s'échouer dans les barachois du sud, tendus sous la mer en d'invisibles filets, ou se fracasser sur les récifs de la pointe. Malheur aux naufragés! À l'aube d'une nuit sans pitié, la maîtresse de l'île, drapée dans les noires guenilles du cérémonial et poussant des cris déchirants, dépouillait chacun de son cœur et les âmes se joignaient aux feux follets, captives à jamais! L'ossuaire de la pointe se couvrait d'autant d'épaves que le cimetière de noms de femmes tandis que des cargaisons éventrées coulaient le blé, le millet et le sarrasin qui ensemenceraient l'île de tiges nouvelles et nous feraient vivre jusqu'à la prochaine tempête.

Mais cette nuit-ci ne ressemblait pas aux autres.

Debout à la pointe, telle une lisse statue de terre brûlée que le vent impatient dépouillait en vain de ses lainages, ma mère appréhendait la tempête et tardait à payer à la Mort la rançon de notre solitude. Immobile au milieu des cris des oiseaux et des hurlements du vent, elle écoutait, comme dans un songe. Les goélands qui, les soirs de naufrage, pleuraient tous en chœur, s'agitaient plus qu'à l'accoutumée. Les vagues battaient le rivage si durement qu'on sentait l'île osciller comme si, à son tour, elle n'avait été qu'un navire perdu en cette mer. Se pouvait-il que quelque téméraire, assez puissant pour mettre en jeu l'emprise même de la Mort sur elle, livrât combat aux forces obscures qui la possédaient? «La nuit n'était pas autrement, murmura ma mère, la nuit où je l'ai connu...» Et sur les cendres de son cœur, à jamais fermé sur ses terribles secrets, passa le souffle chaud du souvenir. Le naufragé, cette nuit exigé d'elle, serait donc le capitaine que ni l'amour, ni la mort, jadis, ne purent retenir? Celui-là même qui, plutôt que d'ancrer son cœur dans l'ombre de l'île, joignit son âme à celle de son vaisseau incendié pour continuer sous la mer son long périple?

Ô Mort, tu es donc bien sûre des cœurs que tu crois asservir! Ainsi que l'âme du capitaine, jadis, t'avait échappé, ainsi cette femme avait, en quelque lieu de cendre, abrité ce qui restait de son amour et appris des étoiles la fidélité des retours. Tandis que sous les vagues hérissées dansait le voilier que tes serres eussent voulu écraser et précipiter éternellement aux abysses, ma mère, debout près de la charpente calcinée d'un grand voilier qui se dressait orgueilleusement au-dessus des épaves à demi ensevelies, jetait aux broussailles une flamme arrachée de son sein!

De ronce à ronce, d'épave à épave, la fleur nouvelle se propagea faisant éclore sur le sable de l'ossuaire de petites flammes bleues — bleues comme les yeux des marins naufragés — qui s'éteignirent les unes après les autres, rendant à l'éternité les âmes délivrées. Rosalie, recroquevillée comme une bête incompréhensive, fixait sur sa mère un regard lourd de reproches et de chagrin. L'amant de chiffon qu'elle serrait sur son sein, révulsait vers le ciel de tempête des yeux enfarinés. Elle tentait en vain de les lui refermer. «Si tu cries, sanglota-t-elle, à bout de peur et de désespoir, si tu veux partir aussi, je te tuerai!...»

Haute et bleue, chaude et généreuse, la fleur de l'île embrasa les eaux comme la lueur d'une planète nouvelle et éclaira jusqu'au fond des abysses. Nul bateau, cette nuit, ne viendrait s'éventrer sur les récifs de l'île ou se prendre dans ses hauts fonds.

— Capitaine, capitaine, murmura ma mère à celui que ses yeux, peut-être, voyaient, tout comme le lait empoisonne la femelle dont le petit ne boit pas, ainsi l'amour détruit-il la femme quand celui qui devrait la délivrer ne le fait pas. Je sais que l'on n'arrête pas plus la course des hommes sur la mer que celle des planètes dans l'univers et qu'il faut souvent plus d'une vie pour voir deux fois le même astre au même point du ciel, mais dis-moi: est-ce cette nuit que tu reviens? Ton vaisseau a-t-il enfin assez brûlé sous toutes les mers du monde pour que tu puisses l'ancrer à jamais dans l'ombre de l'île?

Son visage, que l'attente avait transformé, s'éclairait maintenant de deux charbons ardents. Ses mains, si sèches qu'elles semblaient d'argile pétrifié, avaient abandonné l'arme qui, tout à la fois, avait exécuté les décrets de la Mort et permis que je vive. Le grand voilier qui s'approchait sur la mer couvrit l'île de son ombre et le feu de jadis éclata entre les côtes de l'épave.

Un calme insolite succéda aussitôt sur la mer aux hurlements de la Mort repoussée. Ma mère, incandescente, s'approcha du brasier où l'épave retrouvait en grondant sa forme d'antan. La voilure s'agitait en langues de feu et des bouts de cordage tombaient en cendres tout autour d'elle. Du feu ressuscitait ce qui s'y était abîmé jadis: le navire de mon père, le cœur de ma mère.

Dans l'ombre, Rosalie se leva, toute parée des fantômes de ses souvenirs. «Non! Non!» cria-t-elle à l'amant que la Mort lui rendait. Et, avec une aiguille, elle lui creva le cœur, puis perça le sien.

Devant ma mère, droite et lumineuse comme un cierge, se tenait le capitaine aux yeux plus profonds que la mer.

* * *

Dans la barque de Jacob, le vieillard qui gardait ces lieux, je quittai l'île où ma mère avait protégé de la Mort mon enfance radieuse. Et peu à peu, les effluves de la terre, qu'elle disait empoisonnées, remplacèrent l'âcre odeur du bois de naufrage et pénétrèrent chaque pore de ma peau, charriant jusqu'à mon cœur l'ivresse des désirs insoupçonnés. Au loin, des baleines jouaient dans et sur l'eau: étais-je enfant de terre ou de mer? Qui me le dira? Les hommes auxquels m'a menée l'étranger m'ont accueillie comme une des leurs. Mais l'île, dans mon cœur, pierre à pierre, jour à jour, se reforme, et dans mes songes glacés passe la noire Visiteuse — qui à ta seule présence s'enfuit, ô mon amour.

* * *

Toute la nuit, l'île se battit contre la Mort. Tandis que le vent la parcourait en hurlant, elle but de toutes les fentes de ses rochers la semence que le voile déchiré de la nuit lui laissait recevoir.

71

Au matin qui se leva, lumineux, ses amarres avaient lâché. Elle tangua doucement dans la mer encore agitée, puis s'y enfonça avec sa cargaison d'oiseaux, d'échoueries et de naufrages, emportant dans l'infini le capitaine du voilier et la maîtresse de l'île, retrouvés pour toujours. Le soleil naquit de la mer, rouge, enflammé, comme le vaisseau du capitaine auquel ma mère mit le feu, jadis, pour qu'il ne l'emportât pas autour du monde. De l'île, il ne restait plus qu'un cortège d'oiseaux blancs, comme une traîne d'épousée.

*<br>*  *

# Mérédith

Le train les laissait au-delà de la civilisation. Ils s'enfonçaient dans le lieu sans retour. Plus loin, au terme de ce voyage dont ils ignoraient la cause, le comment, le pourquoi, (n'avaient-ils pas pris le train qui pour visiter sa vieille tante, qui pour trouver un emploi en pays étranger?) l'hôtelier les accueillait, gras, souriant.

Pour ceux en qui s'étaient opposés des ancêtres ennemis, il existait en ces lieux une Maison où devait se résoudre l'énigme de leur destinée et se résorber les contradictoires influences qui avaient déterminé le cours de leur vie.

Je devais trouver la mienne.

\* \* \*

Une vache aux yeux bridés, appartenant à une race très ancienne, attendait les voyageurs sous les arbres millénaires. Mais les voyageurs s'étaient évanouis et l'hôtel avait disparu. S'effaçaient aussi mes rides et la voussure de mon dos qui m'obligeait à appuyer sur une canne mes pas chancelants. Telle qu'en la beauté radieuse de la jeunesse je me trouvai. Une grande pèlerine me revêtit et me pressa de reprendre ma route.

La vache aux yeux bridés, d'une race très ancienne, m'attendait au pied des arbres millénaires. Un riche harnais de cuir rouge, patiné par l'usage, était fixé sur son pelage immaculé. La pèlerine m'y hissa. Je m'étendis sur cette couche, face au ciel, enlaçant de mon bras replié ses longues cornes. La vache, d'un pas cadencé et lent, s'engagea sous les arbres millénaires.

\* \* \*

Pâlissait le soleil et pâlissait la mémoire! Je quittai la lumière et m'enfonçai sous les frondaisons. Nous descendions! Nous descendions! Des arbres de la Forêt éternelle pendaient mille lianes enchevêtrées (telle aux cathédrales la résille d'un vitrail). Le lichen et la mousse absorbaient le bruit des sabots et des paumes et les sifflements des reptiles immobiles, un Rubis sous la paupière. Invisibles dans le feuillage, les bêtes regardaient passer la vache sacrée et sa passagère nue sous les pans de la pèlerine qui glissaient entrouverts. L'œil de la voyageuse guettait-il entre les arbres le retour du soleil? Le lieu était passé où elle aurait pu encore le revoir.

De la couche aux odeurs de sang montaient de chaudes effluves, relents de mondes disparus, parfums fugaces ou pénétrants de mes aïeules inconnues qui, avant moi sur cette monture, avaient fait la remontée de notre lignage. Leur mémoire, un instant, affleurait au monde, puis retournait au temps révolu en glissant comme une caresse sur ma chair non moins éphémère que la leur.

Toujours plus creux! Toujours plus creux!

Jusqu'à l'origine de la mémoire, plus lointaine encore que celle de la vie. Jusque dans les entrailles de la terre où les Aïeux ont formé notre âme et nos passions, bien avant nos organes et tous nos nerfs. Jusqu'aux sources de mon sang! Là où l'Émeraude et le Rubis, le Diamant et le Saphir (joyaux manquant au plomb des cathédrales) se sont liquéfiés jadis pour exciter la convoitise de ceux-là qui n'ont à contempler que le soleil! Sous la voûte terrestre, je connus les funestes constellations qui avaient présidé à ma naissance.

Et puis nous avons émergé, par-delà les murailles infranchissables aux portes de l'invisible Royaume.

\* \* \*

Ce n'était tout autour que terres inondées, joncs et nénuphars, fougères et moisissures. Un vert camaïeu s'étendait sur toutes choses. La vache s'était arrêtée. La pèlerine se referma de nouveau sur moi. Volonté mâle et pressante, elle me dicta mes pas vers l'inéluctable Demeure.

Sur les dalles sonores, que mes pieds à peine frôlèrent, je traversai la fragile Forêt de l'Eau, tout agitée d'immatérielles présences, et descendis vers la demeure de mes Ancêtres, grotte formée des replis de la terre, caveau creusé par les eaux à même le ravin plutôt que maison née des mains de l'homme.

Une faible luminosité venait des soupiraux. J'étais si lasse! J'étais si lourde! Une peau de cuir vermeil, en tout point semblable à celui du harnais de la vache, recouvrait une couche de pierre. J'y repris la posture du voyage et la pèlerine s'enroula autour de moi. Tandis que mon corps s'engourdissait et prenait la rigidité de la pierre, le regard s'effaça, que j'avais porté sur les êtres tout au long de ma vie, sans jamais les comprendre tout à fait.

Je restai longtemps dans les entrailles de la terre, gisante de pierre en ses bandelettes de racines et de vrilles. L'éternelle saison absorbait comme feuilles tombées toute conscience de ma vie antérieure. Autour de moi, cependant, la pénombre humide de la grotte était agitée d'une vie intense. Œufs, larves et insectes, radicules et racines, accomplissaient le cycle de la vie à la mort, de la mort à la vie, inlassablement.

Moi seule refusais la métamorphose. Pierre j'étais devenue et pierre je voulus rester malgré les ferments que, jour et nuit, je sentais à l'œuvre en moi. Mais un sang nouveau, fruit d'une singulière alchimie, irriguait ce corps auparavant exposé sans défense, sous la voûte terrestre, au regard magnétique des Rubis et des Saphirs. Déjà, dans l'ombre, le treillis de mes veines nouvellement écloses commençait à miroiter.

Au parois de ma grotte, je vis tournoyer les changeantes lueurs des précieux cristaux qui s'étaient épanouis dans la matière nouvelle de mon corps, là où dans les organes de chair, jadis, avait passé la vie.

\* \* \*

Des voix éparses, des appels flous, des sons égarés parvinrent bientôt jusqu'à ma couche. Le bois lourd qui fermait la grotte s'ouvrit pour me laisser passage. Un monde d'ombres et d'immatérielles présences frissonnait de l'autre côté.

Ombre moi-même, souvenir d'un être, résidu d'une vie, un besoin pressant me dictait de résoudre le mystère des contradictoires influences qui, dans un temps et un ailleurs dont j'avais perdu toute autre souvenance, m'avaient interdit l'accès de la raison.

En une lente ascension, je remontai les quinze dalles sonores qui m'avaient conduite à la maison des Ancêtres.

La pèlerine soutenait mon corps défaillant et me guida vers les terres inondées qui succédaient à la Forêt de l'Eau. La brume se faisait plus dense devant mes pas et l'air plus rare, de sorte que j'avançais comme en une plongée en eaux profondes. Mes cheveux flottaient autour de ma tête et des bagues de jonc glissaient à mes orteils nus.

Je parvins ainsi au bord des Étangs sans Fond. L'indicible désolation qui régnait en ces lieux me révéla la toute-puissance des forces qui s'étaient dressées l'une contre l'autre aux origines de ma vie. Comme j'attendais le signe par lequel devait m'être révélée la présence des mes Aïeux, le feu des Rubis, dans mes veines, décrut rapidement. De vagues humeurs envahirent l'eau pure des Émeraudes et des Saphirs sur mon corps éclos. Une odeur nauséabonde se répandit autour de moi et un froid mortel avait déjà gagné mes membres, d'où la pèlerine avait déroulé ses anneaux, quand une voix fêlée mit fin au dangereux processus:

— Alors, ma belle enfant, on a des ennuis avec les Joyaux de la famille? Olbel! Je vous en prie, cessez de taquiner cette enfant!

Je me retournai et distinguai à travers la brume la silhouette cassée d'une femme sans aucun doute plusieurs fois centenaire. Cette voix brisée semblait venir de quelque souterraine profondeur et j'eus peine à comprendre la suite de ces impératives paroles qui, d'ailleurs, ne s'adressaient plus à moi:

— Mes tout-beaux! Il ne faut pas vous mettre dans de tels états! Seigneur Rubis, vous êtes blanc! Et vous donc, jeunes Émeraudes, de quelle teinte blafarde êtes-vous devenues? Allons, allons, calmez-vous, mes tout-doux, mes brillants, mes agneaux... Là! Là! Seigneur Rubis, on est content de revoir sa vieille maîtresse, dirait-on?

Sa main momifiée, pas plus grosse, fermée, qu'une noix, s'était approchée de moi. Sa paume noircie m'eut à peine été imposée, au-dessus des cinq organes de la vie, que les cristaux épanouis sur mon corps en reçurent comme une impulsion magnétique.

— Il faut les apprivoiser, me reprocha cette voix venue d'outre-tombe. Ce sont de petites bêtes fauves! Il faut les aimer, les caresser, ne sont-ils pas ton corps? Ta chair? Tu ne connais donc pas le plaisir? Sinon l'amour pour ce qui naît de toi?... Quelle belle floraison, pourtant! Seigneur Rubis, vous avez bien œuvré!... Alors, comment t'appelles-tu, ma belle enfant? reprit-elle après un moment de silence.

Un nom inconnu sortit de mes lèvres:

— Mérédith, murmurai-je.

Un rire, soudain juvénile, s'échappa comme une cascade de diamants de sa bouche:

— Olbel! appela la voix cassée. Où donc vous cachez-vous? Venez que je vous présente Mérédith, la seule de vos descendantes qui soit digne de porter mon nom... puisqu'elle perpétue aussi mon sang!

Et comme j'attendais impatiemment d'apercevoir l'insolent Seigneur de ces lieux, un épais nuage recouvrit l'Aïeule et la pèlerine me revêtit de nouveau, me pressant de reprendre le chemin du retour.

* * *

Les oiseaux des Ténèbres, aveuglés par la promesse de l'aube, glissaient, effrayés, de leur dernier vol nocturne, dans la Forêt de l'Eau. Plus lourde à chacune des quinze dalles, je regagnai ma couche. Douce fut-elle à mon corps atteint d'une lassitude extrême! Au lieu du cuir vermeil, la fourrure même de la vache, tout empreinte de son odeur et de son animal chaleur, m'y attendait. Je sombrai aussitôt dans une sorte de mienne volupté dont l'écho lointain de ma chair m'envoya souvenance et désir. Que de fois, dans l'autre vie, le mal dont était affligé mon esprit m'avait-il permis d'échapper, dans le délire et l'extase des sens, aux tourments dont m'affligeaient les humains! Oubliant les Royaumes des Ténèbres et des Eaux, et le combat que se livraient en ces lieux mes aïeuls, j'allais aborder aux rives heureuses de l'inconscience quand ma main heurta dans le pelage immaculé la matière lisse et froide d'un miroir.

L'effroi m'avait interdit dans l'autre monde de chercher à connaître mon visage. Longtemps je tournai entre mes doigts l'objet d'ivoire fin sans oser m'en servir. Mais un désir irrépressible de saisir quelque reflet fugitif de cette vie qui me quittait, de cette autre qui la remplaçait, s'empara de moi. J'approchai le cristal de ma figure. Au moment même, des coups furent donnés à la lourde porte.

— N'ouvrirez-vous donc pas? demanda sans autre préambule une voix forte. Si vous n'ouvrez pas, j'entre!

— Entrez, murmurai-je, perdue dans la contemplation de l'objet où ni mon visage ni les pierreries ne se réfléchissaient.

Un jardinier d'imposante stature fut bientôt dans la grotte. Un cou puissant supportait sa tête noire et bouclée. Sa grande pèlerine, que je reconnus aussitôt, ruisselait de pluie.

— Je suis venu faire le feu, ne bougez pas... C'est moi qui suis chargé de l'entretien des lieux. Je suis Nicholas.

Du fond du miroir montait une brume opaque.

La grande pèlerine du jardinier tomba sur mes pieds, tout imprégnée de sa vigueur et de ses mâles odeurs.

— Quel pays! grommelait le serviteur en secouant ses bottes. Et dire que cela s'appelait le paradis... Voilà des siècles qu'il pleut! Il est vrai que cela ne dérange que moi.

Il sortit de sa besace une bouteille de vin vieux et, renversant sa tête de noir mérinos, but à même le goulot un coup joyeux.

Dans l'eau du miroir, trouble maintenant comme celle d'un étang herbeux, deux formes se dégageaient, venues d'un temps ancien. C'était celles d'un couple de jeunes seigneurs d'une grande beauté. Je portai les mains à mon cou. Le même collier de sang qui couvrait la poitrine de la jeune femme le ceignait aussi. Soudain, le rire de la dame — la radieuse cascade de diamants que j'avais ouïe plus tôt — fracassa la glace, abolissant l'invisible frontière qui nous séparait.

— Taisez-vous, dit le jeune seigneur d'une voix où perçaient les foudres de la colère contenue. Vous n'avez pas le droit de rire ainsi. Je vous l'interdis!

— Oh! ne soyez pas si chagrin, Olbel. Vous m'attristez aussi...

— Je ne peux m'associer plus longtemps à vos actes, Mérédith.

— Il est pourtant trop tard, Olbel, vous oubliez notre enfant...

— Notre enfant! Comment osez-vous dire!

Le collier sur ma gorge resserra son étreinte passionnée. La jeune femme, que je pris pour moi-même, pâlit mais tourna vers le Seigneur des Eaux un visage sans faiblesse.

— *Mon cœur avait choisi ses dieux.* Vous le saviez, Olbel, dit-elle gravement.

À ces mots, la même tache pourpre, sur sa gorge et sur la mienne, s'éclaira de lueurs de funeste augure. Une douleur atroce me traversa. Mérédith chancela. Je me précipitai vers ma jeune Aïeule. Trop tard! Les brumes et les joncs du Royaume des Eaux se dressèrent entre nous et les serres glaciales du collier qui étranglait Mérédith se refermèrent implacablement sur mon cou. «Olbel! Olbel! criai-je à l'impitoyable Seigneur des Eaux, épargnez au moins votre descendance!» Trop tard! Les pierres du collier de la passion coulaient en un long ruban de sang sur la poitrine nacrée de la belle Mérédith qui expirait à la surface des Étangs sans Fond. Je chavirai dans l'eau froide du miroir.

Exsangue parmi les joncs de la rive, gisait l'ombrageux Seigneur des Eaux.

\* \* \*

C'était une Grotte d'une sombre magnificence. Dans une salle immense, où chaque ogive avait la couleur de la passion, où les hautes murailles n'étaient que la gangue sertissant d'innombrables joyaux, la belle Mérédith, cette nuit-là, recevait le cortège de ses prétendants. Elle avait fait porter l'annonce de l'événement jusque dans les pays lointains, et ils étaient venus nombreux, attirés qui par sa beauté, qui par sa fortune.

Seule maîtresse de son destin, puisque seule descendante de sa lignée, elle écoutait d'une oreille mi-attentive, mi-distraite, les noms et les titres de ceux qui briguaient l'honneur de s'unir à elle. Étendue sur une couche de pierre, parmi de blanches fourrures, elle recevait les hommages et les salutations, prêtait ses mains immaculées aux attouche-ments et aux baisers et les retirait couvertes des bagues sans prix que chacun, après avoir fait sa déclaration, y laissait. Alors, elle glissait dans les peaux de bêtes qui l'entouraient l'une de ces mains virginales, et en retirait un objet d'ivoire fin. Dans le cristal pur du miroir, elle interrogeait son pâle visage. Aucun des signes de la vie, qui aurait marqué l'arrêt de son cœur, ne s'y manifestant, le fatal verdict, toujours le même, tombait de ses lèvres. Et l'on pouvait voir la flamme pourpre de l'orgueil humilié courir de l'un à l'autre sur chacun de ces visages avinés.

On disait qu'elle souffrait d'une atrophie des sentiments. En réalité, son cœur ne pouvait s'ouvrir au seul contact de ceux qui voulaient l'asservir.

Enfin, lasse, et secouant la glace qui voulait s'emparer d'elle, elle se leva et, inclinant son long cou, qui semblait ployer sous la seule masse de sa sombre chevelure, elle congédia le cortège de ses prétendants, tous seigneurs plus cruels et sensuels les uns que les autres. Aux portes de la Grotte, dont les trésors excitaient leur convoitise, des serviteurs leur rendirent leurs joyaux impurs.

Sitôt close la cérémonie, Mérédith, plus blanche que la mort, ordonna d'ouvrir le crypte où reposaient les restes de ses Ancêtres. Elle descendit, seule, dans les entrailles de la terre.

Des cierges inextinguibles brûlaient, depuis des siècles, au fond d'innombrables alvéoles. Officiante d'un rite qu'elle ne connaissait pas, Mérédith s'avança au milieu des reflets et des flammes jusqu'à une alcôve profonde où étaient exposés, brillant de tous leurs feux au milieu des restes de ses Ancêtres, les vivants joyaux de sa famille. Dans la profondeur de ce caveau où leurs mânes l'accueillirent, Mérédith, l'idolâtre, connut sur les dalles froides et nues sa première extase.

* * *

Ne s'étant point ouverte aux choses humaines, Mérédith préféra s'éloigner de la compagnie des hommes et cultiver dans la solitude cette fleur de l'extase qui lui avait été révélée. On disait que les femmes de son lignage avaient eu le pouvoir de communiquer avec d'autres mondes. On la vit bientôt, penchée sur leurs grimoires, s'instruire par elle-même de la science qu'elles y avaient colligée. Dans les denses Forêts des Ténèbres, on la vit encore errer, en proie à de profondes rêveries.

C'est ainsi qu'un jour ses pas la menèrent à travers le pays incertain où nulle frontière ne sépare l'intérieur de l'extérieur, jusqu'à un champ de terre noire qui s'étendait aussi loin que la vue. Un homme le bêchait, insensible à l'ampleur de sa tâche et à la nudité de la terre qu'il remuait. Il ne cherchait point à faire naître des arbres et des fleurs comme ceux qui poussaient d'eux-mêmes à profusion dans la forêt voisine. Penché sur ce champ de terre stérile, il mettait à jour les Joyaux contenus dans les profondeurs de la terre. Fut-ce l'immensité du champ, la solitude de l'homme ou la nature de sa tâche? Fut-ce son front de doux bélier? Mérédith éprouva qu'elle pouvait demander à cet homme simple la clef de son cœur muré.

Son initiation eut donc lieu dans ce champ même dont les richesses enfouies attisaient si puissamment ses sens. Seul témoin du cœur de Mérédith et des fortes passions qu'il recélait, l'Amant-Jardinier la suivit peu après dans la Grotte des Ténèbres.

Les choses en étaient ainsi et chacun s'était fait aux chimères de la belle Possédée lorsqu'un matin, sans que rien l'eût laissé présager,

Mérédith annonça qu'elle partirait, dans l'heure qui suivrait, pour un long voyage. Ses instructions à ses domestiques furent brèves et formelles. L'Amant-Jardinier, vêtu comme elle d'une grande pèlerine, l'accompagna seul vers sa destinée secrète. Profita-t-elle de ce voyage pour visiter certaine branche éloignée de sa famille, frappée comme la sienne d'une folie particulière, et qui régnait à la conjonction des Océans? À son retour, chacun remarqua de quel éclat surnaturel brillaient sur elle les joyaux de ses coffres. Si l'on vînt se rassasier la vue de la splendeur de ses trésors, la nouvelle beauté de Mérédith ressemblait trop peu aux grâces de ce monde pour que l'on souhaitât encore la posséder. Quelqu'un était donc parvenu jusqu'à ce Cœur mystérieux que l'on disait briller de pure lumière dans les ténèbres de son être?

À peu de temps de là, comme pour confirmer ces rumeurs, on apporta à Mérédith un collier dont la somptuosité parut, à ses yeux mêmes, inégalée. Étalé sur la fourrure neigeuse, semblable à un coursier piaffant, il jetait tant de feux qu'à sa vue ce cœur, qu'on disait insensible, défaillit.

Quand elle reprit ses sens, ce fut pour apprendre, de la bouche du coursier au cheval blanc d'écume qui l'avait porté jusqu'à elle, que les Rubis qui étincelaient sur la couche étaient le sang même de son maître et qu'en raison de sa nature le collier ne pourrait lui appartenir que si elle unissait sa maison à celle d'Olbel, Seigneur des Eaux, son lointain cousin.

Puis, à ses pieds, un genou en terre mais impatient de voler vers le domaine nordique des Brumes où gisait son maître, le courrier attendit sa réponse.

Renversée sur sa couche, absente aux regards suspendus à ses lèvres, Mérédith songeait à son froid cousin.

Que nul ne pouvait s'opposer à la pénétration de l'Eau, Mérédith en avait été instruite chaque jour dans les entrailles de la terre.

Que l'Eau passe et ne laisse rien subsister, Mérédith en avait saisi le secret mille fois trahi.

84

Que l'Eau que l'on épouse est celle où l'on se noie, Mérédith en avait reçu la science au bord des Étangs sans Fond.

À mesure que le sang versé pour elle et coulé en ces froids Joyaux exerçait sur Mérédith ses pouvoirs maléfiques, le collier posé sur sa poitrine se resserrait sur son cœur comme les serres d'un aigle. Le long de ses tempes, comme à l'agonie, une sueur glacée coulait.

* * *

Ce fut donc en empruntant les brillants pouvoirs de ceux qui régnaient déjà sur ce cœur qu'Olbel en prit possession. Et son sang se mêla dans celui de la belle Mérédith aux forces obscures qu'elle idolâtrait plus passionnément que jamais dans les entrailles de la terre. Aveugle fut-il! En vérité, jamais Mérédith n'éprouva de si fortes et pénétrantes extases qu'à partir du moment où se produisit la jonction de leurs étoiles contraires!

Vint la nuit où le sang de Mérédith livra ses fruits en même temps que ses secrets! Où se dénoua le mystère dont elle avait été l'officiante dans les profondeurs de la terre! Son corps avait pris la rigidité de la pierre. On la crut morte et déjà on avait apporté le catafalque et les cierges brûlants lorsque commença à miroiter, à travers la matière inerte et grise de ce corps, jadis exposé au fond de la crypte profonde aux regards magnétiques de ses Ancêtres, le treillis de veines nouvellement écloses. Bientôt, l'on vit tournoyer dans la pénombre de la Grotte les changeantes lueurs des précieux cristaux qui s'étaient épanouis dans son corps, là où dans des organes de chair passait une nouvelle vie!

Des profondeurs de l'extase naissait une nouvelle Mérédith!

Et ce sang qui ne souffrait nul mélange se perpétuerait de génération en génération comme il en avait été dans les siècles des siècles! Au sein des Ténèbres, fidèle à elle-même, Mérédith brillait de tous ses feux!

Dans ses landes à jamais privées de soleil, un hiver sans nom étreignit le cœur d'Olbel.

* * *

La vengeance du Seigneur des Eaux fut terrible. Non seulement mit-il fin à leurs jours à tous deux mais il frappa de malédiction sa propre maison sans pouvoir l'anéantir, condamnant à vivre en étrangères parmi les hommes les descendantes de sa trop brillante épouse. Peu après le drame qui termina cette inconciliable union, des phénomènes insolites se manifestèrent dans les lieux où s'était éteint, après son éblouissante flambée, l'astre noir de la belle Mérédith. La terre devint inculte et les Eaux, délivrées, l'envahirent. Dans les maisons que l'humidité gagnait, la vie même semblait se liquéfier. On eût dit que la substance des villes s'effaçait lentement, ne laissant, de tout ce qui avait été chair ou matière, qu'apparence ou reflet. Longtemps après cet événement, d'étranges formations de brume, qui affectaient le souvenir du pays disparu, de fugaces lueurs, qui s'échappaient des Étangs sans Fond, témoignaient du combat que se livraient, jusque dans l'éternelle demeure, les forces auxquelles s'étaient voués Mérédith et Olbel.

Dans ces lieux, enfin, d'où s'étaient éloignées les âmes vives, le Jardinier des Ténèbres retournait à la terre les Joyaux de la vie.

* * *

La Voix qui montait des Eaux de mémoire lointaine avait tiré pour moi, des Étangs sans Fond, le souvenir des mondes évanouis où s'étaient affrontés jusqu'à la mort mes ancêtres inconciliables. Sur l'Étang cerné de brume, les lèvres de l'Eau s'étaient effacées, la voix s'était tue. La présence du Seigneur des Eaux demeurait, pourtant, dans l'attente des gestes qui, seuls, pourraient dénouer les destinées adverses de Mérédith et d'Olbel. Je devinai sa muette mais pressante intercession. Un à un, je détachai de ma chair les Émeraudes et les Rubis fatidiques. D'autres suivirent, d'autres encore! Étendue aux rives dénudées du miroir, je regardai s'acheminer vers le centre de la terre, lieu de leur origine, dans une lente pluie de lumière, les Joyaux de Mérédith et leurs coffres aux ferrures fabuleuses!

86

— Vous m'aimiez donc, Mérédith... murmura, dans un éternel étonnement la voix lointaine du Seigneur des Eaux.

Les doigts de l'Eau glissèrent une dernière fois sur le souvenir de Mérédith, ou plutôt, n'était-ce pas la frange des Océans qui caressait de sa main d'écume la pierre de mes cuisses?

— Que n'êtes-vous resté Océan, Olbel, puisque c'est ainsi que Mérédith vous aima! Et pourquoi crûtes-vous que les Eaux de l'Étang, seules, pourraient l'étreindre?

La présence immatérielle du Seigneur des Eaux flotta encore quelques instants sans me répondre dans les Étangs sans Fond où elle allait se dissoudre pour l'éternité par le seul pouvoir de quelques cailloux lancés de ma main. Ah! que l'Eau fut douce, que l'Eau fut souveraine qui, dans un dernier adieu, glissa ses lèvres limpides partout où ma chair se souvenait d'avoir été Mérédith!

\* \* \*

Peu après, je m'éveillai dans une forêt de cierges. De ses mains nues, l'Amant-Jardinier pétrissait mon corps inanimé et dépouillé de ses Joyaux.

— Je vous ai trouvée qui flottiez dans l'Étang, murmurait la voix chaude de Nicholas. Il était temps, je vous assure. Cette eau ne vaut rien pour vous. Vous ne devriez pas vous y pencher ni l'écouter. Je vous ai ramenée parmi les feuilles mortes et les fleurs séchées car vous ne valiez guère mieux...

Dans les eaux du miroir, il ne restait plus, des passions d'autrefois, que fine poussière.

Mais le Cœur de Mérédith attendait encore, froid Joyau recélé dans la cage de mes côtes, d'atteindre à son tour au repos éternel dans le sein de l'Élément qui l'avait formé.

— Le moment est venu de faire le Feu. Ne crains rien de moi, très-chère..., murmura le Jardinier.

Son souffle chaud, doucement, pénétra dans mon sein:

— Mérédith! Petite vierge dont j'ai libéré les premiers Joyaux, viens!
Mérédith! ô Cœur inassouvi, jeté dans la frayère des tyrans, viens!
Mérédith! Pèlerine étreinte en des froids mortels, viens!
La lumière a quitté ses vaines dépouilles.
Le Diamant et l'Opale gisent au Fond des Eaux!
Mérédith! Viens!
Ô toi, Cœur, ô toi, Clarté, ô toi, coulée vive dans le Mystère des Ténèbres!

À l'appel de tant de douceur, le Cœur de Mérédith s'était mis à frissonner. Braise enfouie dans mon sein, il palpitait sous le souffle chaud de l'Amant comme à l'heure des transmigrations.

Soudain, dans un grand cri, la gangue des Ténèbres que pétrissait le Jardinier se fendit et, de mes côtes ouvertes, une flamme brûlante et brève s'échappa. Nicholas, aussitôt, la saisit dans le creux de sa main et, sortant la captive de la grotte, il rendit à la Lumière qui l'avait engengré le Cœur de Mérédith.

Puis je vis le Jardinier, cachant dans ses deux mains sa tête de noir mérinos, s'enfuir en sanglotant sous les haute frondaisons de la Forêt éternelle.

* * *

Les jours, les nuits, m'étaient une étrange torture.

Rapidement mes forces décroissaient, ma peau se desséchait et ridait. Mon dos se voûtait. Telle qu'en la vieillesse je me trouvai. Je me levai tandis qu'il m'en restait encore la force. Des lambeaux de pèlerine me recouvrirent et je sortis de nouveau de la grotte.

À travers les champs et les marécages, d'autres ombres comme moi cheminaient et je vis Nicholas, une bêche sur l'épaule, conduisant une femme enveloppée de sa pèlerine vers la Forêt éternelle.

Autour de moi, des maisons, des clôtures, des objets hétéroclites ayant appartenu à la vie se remplaçaient en de lentes osmoses. Ainsi les ombres errent-elles parmi leurs souvenirs.

«Nicholas?» demandai-je à une femme qui, les bras levés, étendait sur une corde de chanvre des draps immaculés. «Nicholas?» répéta à sa place et d'un ton songeur un paysan appuyé sur sa pioche. Un peu plus loin, la lessive était renversée et la femme, à la corde où elle avait si souvent étalé sa misère, s'était pendue. Plus jeune, le paysan, hébété, fixait sa pioche...

— Viens, dit soudain la voix de Nicholas. D'autres m'attendent, très-chère, hâtons-nous...

Je reconnus la grande pèlerine brune, la tête virile et bouclée du Jardinier qui remplissait auprès des femmes de ce monde la mission dernière.

Nous rejoignîmes le lieu où le train avait laissé les voyageurs un peu plus tôt. Je crus que là était le terme vers lequel me conduisait Nicholas. Sa tendresse était celle de la dernière heure. Son bras, comme sa pèlerine naguère, me soutenait plus que mes pas défaillants et sa chaleur communicative m'empêchait seule, maintenant, de tomber en poussière avant le terme de ma route.

D'autres voyageurs arrivaient encore. Ils entraient en foule à l'hôtel où l'hôte les attendait, gras, souriant. Nul n'en ressortait.

— C'est la destinée commune, me souffla Nicholas. Ils retournent au ventre de la femme.

Nous passâmes sans nous arrêter devant l'hôtel.

— Où me guides-tu, Nicholas, demandai-je avec une sorte de hâte et d'espoir que je ne pouvais plus contenir.

— Là où ton cœur a laissé ses racines, répondit l'Amant-Jardinier.

C'était un grand champ de terre nue. Le regard y courait sans jamais rencontrer d'obstacle mais je perçus autour de moi l'odeur de mille pollens. Une telle force m'y attira que Nicholas déposa sa bêche et mon corps s'enfonça voluptueusement dans le champ fécond. Par-delà les invisibles frontières se balançaient les fragiles corolles d'âmes-fleurs.

— Ta mère était donc la Terre, murmurait, de l'autre côté, la voix du Jardinier.

*
* *

# Bellissima

— Viens, disait-elle, viens... Tu seras vent avec le vent, herbe avec l'herbe. Tu seras la chèvre avec le bouc, l'amante avec l'amant... Viens! Il n'y aura plus pour toi ni murs ni portes, tu connaîtras les songes des poissons et l'ivresse des oiseaux... Le ciel et la mer!

Son beau visage venu des étoiles émergeait aux fenêtres du couvent. Gravement, je détournai mon regard et plongeai les yeux dans le livre qu'on m'avait mis dans les mains. Et l'éternelle litanie recommença:

«*Fiorenza! Vous amenez le soleil dans cette salle!*»
«*Vous distrayez vos compagnes, Fiorenza!*»
«*Il n'y a pas d'autre vie que celle que l'on vous donne à lire, Fiorenza!*»
«*Il n'y a pas de soleil, Fiorenza!*»
«*Il n'y a que les murs de cette salle où vous étudiez la vie que vous ne vivrez pas, Fiorenza!*»
«*Car vivre c'est pécher, Fiorenza!*»
«*Et vous péchez par le seul fait d'exister...*»
«*Vous, Fiorenza!*»

Carmella... Benedicta... Domenica... Un carcan fraîchement empesé complétait l'uniforme longue robe. La bruine prenait d'assaut les hauts murs du couvent tandis qu'au-dedans se répandaient d'étouffantes vapeurs d'encaustique.

—Fiorenza! m'avertissaient-elles... Padre! Padre Salvatore!

La fraîcheur des champs qu'il venait de traverser... Sur son pouce, à hauteur des chevelures penchées sur les écritoires, la trace de la poudre...

«Salvatore!... Le sang de la bête qui t'a donné ton odeur de musc a-t-il jailli sur ton linceul à toi?»

\* \* \*

Tu emplissais la nuit, Bellissima, et tu m'appelais de toutes tes étoiles. Cette fois encore, je ne t'ai pas écoutée, je le jure! C'est *elle* qui monta soudain vers les combles et grimpa avec une fureur sans pareille les marches par lesquelles j'avais gagné les étoiles...

Ses yeux jetaient de troubles lueurs... Elle sentait à dix pas ce que sentent les bêtes en colère. Quand je me suis retournée, c'est *elle* qui m'a poussée dans les ravins où se perdent les hauts murs du couvent:

— Hors d'ici, Fiorenza! Monte, monte vers le ciel si tu le peux et demande-lui pardon de t'avoir créée!

*«Ta chevelure n'est faite que de serpents emmêlés, Fiorenza! Au fond de tes yeux qui sont comme des étangs brillent les paillettes d'or du diable! La vue de ta chair appelle à la bouche la salive des baisers... Fiorenza!»*

\* \* \*

Sous un soleil d'éclipse, l'on porta en terre la *suicidée*. Padre Salvatore ne suivait pas le corps. Padre Salvatore chassait les bêtes dans le marais. Seule, ma brune Carmella pleurait en frappant de ses poings le bois nu qui m'enlevait au lit de nos chastes tendresses. Mais je n'étais pas dedans, Carmella! Tu n'as point vu la pâle bruine qui suivait l'ombre du soleil disparu, le suppliant de la faire s'évaporer? C'était moi! Si tu m'avais regardée, peut-être serais-je devenue la larme de tes beaux yeux chauds qui me regrettaient...

Je n'étais plus. Je n'étais pas et j'étais encore. Je n'étais pas morte assez! Un jour, effacée, honteuse, j'étais le brin d'herbe foulé aux pieds. Et puis je devenais le tourbillon de poussière qui soudain se dispersait, emportant aux quatre horizons les invisibles molécules de Fiorenza. Longtemps je me sentis sable, pierre, déchet. Du haut du couvent l'on m'avait rejetée en deçà de l'espèce humaine.

Tu respectais ma détresse, Bellissima, ô toi que je n'avais pas choisie et qui m'avais jadis offert le monde. Mais tu ne voulus pas mettre fin à mon désarroi:

— Comment pourrais-tu goûter la paix de ma profonde et éternelle étreinte! Tu n'as pas éprouvé la force et l'inanité de tes désirs...

En vain te suppliai-je de m'emmener...

— À l'heure où je reviendrai, tu m'appartiendras sans regrets et sans remords, Fiorenza bien-aimée...

* * *

Je m'éloignai donc du couvent. La terre était plus chaude ailleurs et les graves habitants des livres qu'on avait mis entre nos mains ne vivaient point hors des atmosphères d'encaustique... Ainsi, à seize ans, assassinée une première fois, ai-je franchi le seuil des apparences.

Loin des soleils d'éclipse, loin de ces étranges combats où mon front obstiné repoussait à la vitre d'un couvent l'offrande d'un bonheur bien plus vaste que ceux de ce monde, je trouvai la Fleur de la Volupté. Le don qui m'avait coûté la vie me la redonna au centuple:

*«Ta chevelure n'est faite que de serpents emmêlés... Au fond de tes yeux qui sont comme étang brillent les paillettes d'or du diable... La vue de ta chair appelle à la bouche la salive des baisers, Fiorenza! Emmène, emmène-nous au ciel!»*

Bellissima! Toi qui vins, jadis, illuminer ma solitaire adolescence, l'on m'avait jetée à toi: t'ai-je vue une seule fois en ces années de paroles et de chair? Songeai-je à toi une seule fois tandis que roulaient à flots les jours de gloire et de rires?

Pourtant... je sentis peu à peu le regret d'une conscience ancienne et plus grande. Mon âme, à nouveau, eut soif d'ombre et de bruine.

* * *

Je quittai les lieux de mes complaissances et assourdis sous la bure l'or de ma tenue. Je m'en fus sous les murs du couvent, au milieu des champs de fleurs mal odorantes d'où jamais ne s'évadaient les désirs et les rêves des prisonnières. Près des pensives corolles, écloses par un soleil moribond, longtemps je songeai aux ombres complices qui, sous le nimbe du mystère, avaient fait à mon insu le partage de ma vie. Ma destinée fut décidée entre ces murs et ma cage fut scellée de secret.

J'attendis... Les portes et les fenêtres qui avaient emprisonné ma jeunesse étaient ouvertes toutes grandes et le vent déploya ma longue chevelure. Une impalpable poussière d'or s'éleva vers les hauts murs du couvent, emportant à l'intérieur des pollens éphémères et troublants. En vain... La semence des fleurs ne venait féconder aucun songe dans ces salles désertes où les morts s'étaient rendormis entre les pages des livres et d'où les jeunes vivantes s'étaient en allées.

* * *

Un matin enfin, les lieux de mon bucolique séjour respirèrent la fraîcheur de la vie. Ignorant la nuit en laquelle je gisais, un chevreau cherchait dans ma main le pis maternel. Dehors, des bêlements répondirent aux siens et la jeune bergère, guidée par eux, entra dans le pavillon désaffecté où j'avais trouvé refuge.

De m'apercevoir, sur le grabat, tout enveloppée de bure et de l'or de ma chevelure, elle éprouva une telle frayeur qu'elle tomba à genoux:

— Ainsi, c'était donc vrai, murmura-t-elle, soulevant le voile d'obscures rumeurs.

La bête confiante s'était couchée dans mes bras et l'enfant comprit que je ne lui voulais aucun mal.

Ses chèvres, attirées la veille par une herbe rare et délicieuse, l'avaient menée malgré elle dans ces champs maléfiques d'où nul, disait-on, ne revenait intact. La douceur du soleil d'éclipse, l'étrange beauté des maladives végétations, avaient exercé sur son cœur un attrait si puissant qu'en dépit de ses craintes, elle avait laissé ses bêtes paître ces herbes dangereuses écloses dans la bruine.

Plus tard, dans l'après-midi, alors que la laine de son tricot s'emmêlait mystérieusement, une voix lui souffla de laisser tomber ce vain ouvrage et de suivre son troupeau dans le bois. Un tel silence la saisit qu'elle crut son âme parvenue au lieu éternel. Ses bêtes, en avance sur elle, se désaltéraient à un ruisseau que leur soif avait fait sourdre sous le lichen. L'eau de l'entre-monde imbibait à peine les sandales de l'enfant qu'elles reprirent leur course, lui enjoignant, par quelque intuition, de la suivre où qu'elle allassent.

D'innombrables terriers, dont les labyrinthes couraient sous les fortes racines, criblaient le tapis de rousses aiguilles où les sabots s'enfonçaient dans un crépitement de feu. L'herbe et les tendres pousses, la fougère et la mousse s'étaient effacées. L'odeur du musc se mariait à celle des conifères, ainsi que se mêlait, aux fêtes de son village, les parfums des mâles humeurs à l'effluve végétal des alcools. Enfin, les chèvres s'arrêtèrent devant le ruisseau, maintenant cascade, et la bergère, échappant les cornes du grand Bouc qui l'avait portée jusqu'en ces lieux, glissa comme dans un songe son corps brûlant dans les draps de l'eau.

*Et c'est alors que le Chasseur déboucha du sentier imprévisible qui s'ouvrait devant ses pas et se refermait derrière eux.*

J'accueillis en tremblant ce souvenir à peine effacé…

— *Et qui est ce Chasseur ainsi scellé dans sa sollitude?* demandai-je.

— *Celui qui jamais ne consomme le plaisir de sa chasse,* répondit-elle.

Tel était donc le barbare supplice lié à d'insondables plaisirs auquel était soumis ce cœur impénétrable qui avait fait jadis sur moi si forte impression! Mais la bergère, jugeant au pouvoir de ses mots de ma complicité avec cet être onirique, s'avança plus avant dans cet étrange récit qui lui eût paru à tout autre inavouable.

À la gibecière du Chasseur pendaient deux levrauts. Bien que les bêtes eussent été blessées mortellement par le plomb du fusil qu'il tenait à la main, tout fumant encore, nul sang ne tachait ses vêtements. À la vue de l'enfant, il échappa un involontaire frémissement (combien de nymphes n'avaient-elles pas rompu devant lui le sceau de la chrysalide?)

et une lueur s'alluma dans ses yeux où le fol espoir le disputait au morne désespoir. Tels deux oiseaux de limon soudainement animés au pâle soleil de ce regard, les seins menus de l'enfant palpitèrent. Mais les bouquetins, obéissant à un mystérieux défi, entourèrent leur maîtresse et posèrent sur le nouveau venu leur œil d'or plein d'énigme.

— Et qu'a-t-il fait? demandai-je, tremblante à nouveau.

Il était parti, laissant la vierge à ses chèvres, et les deux levrauts, reprenant vie, s'étaient échappés de sa gibecière... Sous les hautes frondaisons du sentier qui s'effaçait pendirent de longs fils d'or qu'on aurait pris pour une chevelure éparse... Le troupeau, subitement reformé, avait entraîné hors du bois celle qui, en ces lieux, n'était plus sa bergère.

* * *

La nuit fut lourde... Les parfums des fleurs croissaient et décroissaient comme au rythme de secrets respirs et des souffles et des soupirs s'exhalaient des corolles que la brise agitait mollement. L'on disait que c'était ceux des pensionnaires du couvent qui s'étaient assoupies dans la terre sans avoir jamais connu leurs désirs ni réalisé leurs rêves.

La bergère ne dormait pas, non plus que ses chèvres... Sa volonté fébrile écartait les mains osseuses qui cherchaient à comprimer dans un corset ses seins brûlants. Elle ne voulait pas s'allonger sous la terre ainsi que les pensionnaires, dociles en leur carcan. Et par crainte du lent sommeil de la germination, son cœur se couvrait de désirs précoces, comme de fleurs écloses avant le jour.

Or, à mesure que la terre relâchait son étreinte, il lui sembla voir revenir vers elle le Chasseur. Bête suzeraine ignorant ses chastes épouses, il écartait orgueilleusement les plaintes de tous ces cœurs trompés qui avaient cru en la fatalité du sommeil. En cette nuit où nul n'était plus ce qu'il avait coutume d'être, comme en quelque lit de dauphin, douce violence fut faite à la bergère. Le parfum de la luzerne éleva autour d'elle les murs d'un immatériel palais. Quand elle rouvrit les yeux, elle vit, qui la regardait, un grand Bouc plein d'une mâle Volupté, d'étranges fleurs de l'entre-monde immolées dans ses cornes somptueuses… Et le marbre de l'imaginaire demeure retomba en une pluie de pollen.

* * *

Était-ce le bonheur? Était-ce le regret? — l'enfant essuya une larme sur sa joue ronde.

— Maintenant que j'ai serré sur mes seins brûlants le grand Bouc aux cornes fleuries, dites-moi, Madame, comment pourrais-je l'oublier?

Et comme, tout aussi troublée, je lui demandais quel sort condamnait le Chasseur à ne point connaître d'humaines amours:

— On dit, reprit-elle à voix basse, que le souvenir d'une belle suicidée hante sa conscience coupable et son cœur épris et le prive de pouvoir… C'est une triste histoire, madame, et il faut bien que vous soyez étrangère pour l'ignorer. Il fut autrefois, en dépit de ses vœux, tenté par une jeune fille d'une grande beauté enfermée dans ce couvent. Mais elle se jeta du haut de ces murs sans connaître cet amour qui lui eût, peut-être, sauvé la vie… Or, une Magicienne, d'une race royale et obscure, aimait aussi cette vierge et, bien que cette mort tournât à son avantage, elle ne voulut point faire entrer dans le Royaume des Ombres cette créature trop amoureuse d'idéal et lui rendit les apparences afin qu'elle vécût selon ses désirs… Elle accepta même le défi de lui faire repasser le gué de la Mort à la Vie si elle conquérait l'amour du Chasseur… Or, la Maîtresse, dont les calomnies et les persécutions la firent jadis se jeter dans les bruines éternelles, règne aujourd'hui sur ce sinistre couvent et nul ne peut entrer dans le lieu de la Vraie Vie, qui en a été chassé par elle… Dans ce Pavillon des Vaines Attentes où vous êtes, où nul désir ne reçoit satisfaction, où nul rêve ne porte ses fruits charnels, une horrible métamorphose surprend celles qui écoutent patiemment s'effriter les siècles des siècles… *Une araignée tissera son fil d'argent là où une jeune fille tendait au Chasseur le piège de ses cheveux d'or…*

Comme je fermais les yeux et réfléchissais à cette étrange sagesse, un frisson traversa le champ des soupirs:

— Angela!... Angela!

L'enfant leva vers moi son visage d'aube. Des volutes de cheveux emmêlés ombrageaient l'étang où brillaient des paillettes englouties. Déjà, les bêtes avaient reconnu cette voix qui leur était familière et la tête du troupeau avait franchi le rideau de bruine. Elle murmura dans un lumineux sourire:

— Adieu, madame... Et puissiez-vous sortir de ces lieux où l'on frôle à chaque instant l'éternité sans jamais y accéder.

\* \* \*

— Fiorenza!

— Carmella!

Sous les combles, là où, jadis, j'avais été précipitée vers un autre destin, respirait avec peine ma brune Carmella.

— J'étouffe, Fiorenza...

— Il fallait partir, Carmella!

— Je n'ai pas pu. Cette vapeur et cette bruine me font mourir mais je ne peux respirer hors d'ici... Dis-moi: comment était la vie, Fiorenza?

— Elle ressemble à la Mort.

— Alors, tu n'as rien appris. Tu le disais déjà, jadis. Elles sont sœurs jumelles.

— Ici, Carmella, la Vie a pris la couleur de la Mort, rien ne peut arriver. Là-bas, chacune d'elles porte un masque. L'on fait route avec l'une, avec l'autre... et l'on ne sait qu'à la fin du compte laquelle on a choisi.

— Je souffre, Fiorenza...

— C'est cette bure et ce carcan! Pourquoi les avoir gardés?

— Je n'ai jamais rien porté d'autre...

— Ce qu'il y a de plus atroce, toujours! Pourquoi, Carmella?

— Je n'ai pas choisi, Fiorenza.

— N'as-tu donc jamais rien désiré qui fût beau à regarder, qui fût doux à toucher, qui fût voluptueux à ton corps?

— Si, Fiorenza, le soleil quand il éclatait dans tes cheveux au milieu de la classe... Mais tu es partie et personne ne t'a remplacée...

— Je ne l'ai pas voulu, Carmella.

— Pourquoi, Fiorenza, pourquoi?

— Maîtresse m'avait jetée dans les ravins.

— Ce n'est pas vrai, Fiorenza!

— Elle a détruit le péché.

— Mais tu n'en avais pas commis!

— Je l'incarnais, c'est pis.

— Je ne peux pas le croire, Fiorenza... Aurais-je vécu ma vie dans le mensonge?

— Tu as vécu dans ta vérité, Carmella.

— Je me souviens, maintenant... Écoute. Ce fut peu après ton départ. Maîtresse eut des hallucinations et Padre Salvatore fut demandé. On nous fit quitter la classe mais ses cris traversaient les couloirs... Et c'était ton nom qui revenait, Fiorenza, car Maîtresse, ce jour-là, t'avait vue, à ta place de jadis... Ce fut moi qu'on manda pour lui mouiller le front et lui porter secours, si besoin était, car l'entretien allait être long. La discrétion me commandait de ne rien entendre et je me tins à l'écart, priant pour toi, et pour elle, et pour le couvent tout entier qui subissait l'assaut de la bruine et du Vilain. Je compris malgré moi que Maîtresse se défendait de quelque crime que voulait lui faire avouer Padre Salvatore. Et toujours revenait comme un leitmotiv:

«Elle marchait... la tête haute! Elle aimait... la bouche close! Elle pensait... trop! Et ses cheveux me provoquaient!»

— Alors, Fiorenza, mes yeux qui ne voulaient rien voir se sont embués de mensonge... Maîtresse se débattit longtemps. Padre Salvatore fut impitoyable... Enfin, elle glissa à genoux et couvrit de ses voiles les souliers de Padre...

— Ses bottes, tu veux dire... ses bottes qui avaient laissé sur le parquet trop bien ciré leur empreinte de boue...

— Fiorenza! Comment peux-tu ne pas avoir oublié?

— Continue, Carmella, je te prie... Et que disait Padre?

— Rien... rien... mais son regard était terrible. Maîtresse, qui attendait son absolution, comprit qu'il ne la lui donnerait pas... Elle se releva dans un sursaut de colère... et de haine, hélas:

«Cette Fiorenza était enfant du diable!» lança-t-elle d'une voix vibrante.

— Et qu'a-t-il répondu, Carmella, rien?

— Que tu es pâle, Fiorenza! Tu n'aurais pas dû revenir dans cet air, pourquoi y es-tu revenue? Quel mystère cherches-tu à résoudre ici, toi qui avais la beauté de l'ange et du diable?

— Salvatore n'a-t-il rien dit pour ma défense, Carmella?

— Oui... beau de vérité, il a éclaté:

«Fiorenza était enfant de Chair et de Lumière!»

— Puis, ce sacrilège proféré, il est parti comme un fou... Il ouvrait les portes devant lui à coup de bottes et d'épaules, et nous avons vu la bruine l'engloutir une fois franchie l'enceinte du couvent... Que ta main est moite et glacée, Fiorenza! On dirait que toute sa chaleur est passée dans la mienne... Tant de fois j'ai espéré que quelque événement ramenât ta présence! Mais les murs eux-mêmes t'avaient oubliée et tout est rentré dans l'ordre. Après un repos prolongé, Maîtresse est revenue prendre la direction du couvent et, à quelque temps de là, Padre Salvatore aussi. Plus froid et plus absent que jamais, il nous imposait pour nos pauvres péchés de si fortes sanctions que Maîtresse elle-même a dû lui demander de ne plus nous laisser des heures entières agenouillées sur les dalles humides et alléguer que si un même désir de mortification nous possédait, nous n'avions ni son âge, ni son sexe, ni son endurance... ni les mêmes fautes à expier...

— N'a-t-il point repris ses chasses et ses battues?

— Depuis quelque temps, en effet, il sort de nouveau. Mais s'il trouve dans ses randonnées la même source de vigueur, il ne semble plus en rapporter d'apaisement. Il en revient de fois en fois plus effrayant de solitude. Le couvent entier se fige quand son grand pas y résonne et chacune, en secret, espère le moment ou se taira le bruit de ses lourdes bottes. S'il souffre, il porte sa souffrance avec orgueil car personne n'en a jamais entendu le premier mot... Fiorenza! Tu pleures? Qu'ai-je dit? Qu'ai-je fait? Mon ange, réponds-moi... Vois comme ta présence m'a fait du bien. Tu es mon soleil, Fiorenza... Je n'ai plus mal et je sens déjà la vie revenir en moi... Comme tu frissonnes! On dirait que pour me réchauffer je t'ai dépouillée de ta propre chaleur... Mais pleure, pleure, Fiorenza. Ici, les larmes sont aussi rares que les rires. On dit qu'elles coulent d'abondance, passé le seuil des apparences, et les rires à flots, mais qu'ils ne calment ni ne font de bien...

— Je ne sais qui est le plus malheureux de celui qui ignore ses désirs ou de celui qui reste au seuil, de celui qui renonce à leurs œuvres, ou de celui qui y consent...

— Je ne comprends pas, de qui parles-tu, Fiorenza?

— Dors, dors, ma brune amie, je n'ai rien dit. Je m'en irai comme je suis venue et nul autre que toi ne saura ma visite...

Les ténèbres de la nuit étaient montées aux murs du couvent. D'éphémères et familiers personnages se formèrent aux carreaux. L'odeur d'encaustique s'élevait des paliers inférieurs et enserrait nos gorges comme un carcan pire que le col de nos longues robes, jadis. Carmella étouffait. Quand les démons du délire s'éloignaient de son front moite, elle me suppliait d'aller lui quérir le Padre car une noirceur totale la baignait, corps et âme.

*«J'irai donc te chercher jusque devant le trône du Très-Haut, Salvatore...»*

Je revêtis la bure de Carmella et glissai dans les couloirs où la sage Fiorenza avait penché son front studieux sous l'or et les feux impudiques de sa solaire chevelure qui l'avaient fait bannir à jamais des lieux de la Vraie Vie. Sur les dalles humides, je trouvai l'orgueilleux Salvatore, le visage couvert de ses deux mains viriles, le corps prostré comme une bête abrutie sous les coups.

*«Je te descendrai de ton inutile croix, Salvatore...»*

Je posai ma main sur son épaule et murmurai le nom de Carmella. Il se retourna tout d'une pièce, hagard ainsi qu'un paysan surpris aux labours d'automne, son beau visage empreint de fatigue.

*«Tu te relèveras de ces dalles humides, Salvatore...»*

Il chercha en vain à dissiper l'ombre du capuchon. Je pris les devants et il me suivit. Nous gravîmes les quatre étages qui conduisaient sous les combles. Devant les hautes fenêtres, la luminescence de la bruine éclaira nos silhouettes, et de mon soulier, seul visible sous la longue bure, le talon doré s'alluma un bref instant. Un éclair traversa la regard de Salvatore mais, déjà, l'ombre du dernier palier nous avait engloutis.

Les doigts évanescents de Carmella agrippèrent presque aussitôt la robe usée de Salvatore.

— Ai-je vécu dans la vérité ou le mensonge? répéta-t-elle.

— Cela n'a pas d'importance, répondit-il d'une voix étranglée.

— Où est la vérité, où est le mensonge?

— Je ne sais, je ne sais, Carmella...

— Je vois deux femmes, l'une que je quitte, l'autre que je retrouve, elles sont semblables... Elles se confondent, je ne sais plus les reconnaître, laquelle choisir?

— Quelle importance?

— Elles se séparent... L'une vient vers moi, l'autre se dirige vers la lucarne... Quelle merveilleuse chaleur m'irrigue, quel soleil coule en moi! Salvatore! Je vis! Je vis! Je suis sauvée!

— Viens, me dit l'autre, viens, l'heure est venue... Tu seras vent avec le vent, herbe avec l'herbe, tu seras la chèvre avec le bouc, l'amante avec l'amant... Quitte sans regrets le monde des apparences, Fiorenza bien-aimée... Tu connaîtras comme nous l'ivresse des oiseaux et les songes des poissons... Tes yeux seront les étangs où celui qui t'aime cherchera sans fin les paillettes d'or de tes trésors engloutis et tes cheveux étincelleront partout où se posera le soleil. Viens avec nous, Fiorenza! Ton corps sera la bruine légère qu'il traversera l'arme au poing et l'odeur de la poudre et le sang des bêtes se mêleront intimement à toi! Viens, Fiorenza... Viens, Bien-Aimée...

Ô Bellissima! Pourquoi, entre tous, avoir choisi cet instant... De moi à Carmella passait ce court moment d'apparence qu'est l'existence et une autre renaissait à ma place entre les bras de Salvatore!

Ombre, je rentrai dans l'ombre.

. . . . . . . . . . . . . . . . . . . . . . . . . . . . . . . . . . . . . . . . . . . . . . . . . .

Ô Bellissima! Ô Magicienne royale et obscure!

Le Lieu de la Vraie Vie ne fut plus, comme le couvent au milieu des bruines, qu'un cercueil vide d'illusion!

Et pour celle qui ressuscitait parmi les étoiles, ton visage s'éclaira de milliers de soleils inconnus!

FIN

Achevé    Imprimerie
d'imprimer  Gagné Ltée
au Canada  Louiseville